鲁东大学商学院学科建设经费资助

A STUDY ON THE EFFECTIVENESS OF
GOLD HEDGING AGAINST USD EXCHANGE RATE RISK:
Based on the US QE

黄金对冲美元汇率风险效果研究

基于美国QE政策的视角

秦伟广 ◎ 著

中国财经出版传媒集团
经济科学出版社
Economic Science Press

图书在版编目（CIP）数据

黄金对冲美元汇率风险效果研究：基于美国 QE 政策的
视角／秦伟广著 . —北京：经济科学出版社，2018.10
ISBN 978 - 7 - 5141 - 9841 - 6

Ⅰ.①黄…　Ⅱ.①秦…　Ⅲ.①货币政策 - 研究 - 美国
Ⅳ.①F827.120

中国版本图书馆 CIP 数据核字（2018）第 243226 号

责任编辑：周国强
责任校对：曹育伟
责任印制：邱　天

黄金对冲美元汇率风险效果研究：基于美国 QE 政策的视角
秦伟广　著
经济科学出版社出版、发行　新华书店经销
社址：北京市海淀区阜成路甲 28 号　邮编：100142
编辑部电话：010 - 88191313　发行部电话：010 - 88191522
网址：www. esp. com. cn
电子邮件：esp@ esp. com. cn
天猫网店：经济科学出版社旗舰店
网址：http：//jjkxcbs. tmall. com
固安华明印业有限公司印装
710 × 1000　16 开　9.75 印张　150000 字
2018 年 10 月第 1 版　2018 年 10 月第 1 次印刷
ISBN 978 - 7 - 5141 - 9841 - 6　定价：58.00 元
（图书出现印装问题，本社负责调换。电话：010 - 88191510）
（版权所有　侵权必究　打击盗版　举报热线：010 - 88191661
QQ：2242791300　营销中心电话：010 - 88191537
电子邮箱：dbts@ esp. com. cn）

前言

自 2008 年金融危机以来，美联储实施了 4 轮 QE（quantitative easing，量化宽松）货币政策提振美国经济，并于 2014 年开始逐渐退出 QE。这些 QE 货币政策的实施或者退出，对以美元为代表的资产价格产生了深远的影响。尤其是在美国前三轮政策实施期间，美元汇率指数迅速下跌，最低为 68.1。然而美联储实施 QE4 与减持 QE 实施期间，美元汇率则出现了大幅飙升，截止到 2015 年 11 月美元汇率指数已经上升到 94.8。面对美元汇率的剧烈波动，各国央行、金融机构、企业和个人纷纷采取措施规避美元汇率风险。长期以来黄金就是对冲美元风险的首选。QE 政策期间黄金价格则从 2007 年最低为 650.5 美元/盎司迅速飙升，并达到了阶段峰值 1813.5 美元/盎司，波幅为 278.8%。为了系统研究 QE 政策期间美元汇率风险的特征、政策传导机理和黄金规避效果，本书进行了如下研究：

第一，梳理了美国 QE 政策背景内容、对冲美元汇率方案和对冲效果的测度方法。首先，本书对 QE 政策的背景和具体内容进行了详细的整理，从而为后续的研究奠定基础。其次，本书分析了对冲美元汇率风险的方案，包括黄金对冲和非黄金对冲，其中重点研究了黄金作为美元对冲资产的机理，即黄金和美元汇率的对冲关系主要受到黄金货币属性和避险属性的影响。最后，本书介绍对冲效果的测度，具体包括相互关系度量、对冲权重测算和对冲效果的度量方法。由于 Copula 函数可以精确测度变量之间的相依结构，因此相互关系度量方面重点介绍了 Copula 函数的基本理论和常用的 Copula 函数。同时，基于均值—方差模型介绍了最优对冲权重的计算方法，并梳理了对冲效果的度量方法，包括以 σ 为代表的双边风险度量和 VaR 和 CVaR 等单边风险度量方法。

第二，研究了美国 QE 政策传导机理，并分别从短期和长期两方面研究了美国 QE 货币政策对黄金和美元汇率的影响。首先，本书基于信号渠道、资产组合平衡渠道和流动性渠道分析了美国 QE 政策影响黄金和美元汇率的机理，其中信号渠道对黄金和美元汇率的影响方向不确定，而资产组合平衡渠道和流动性渠道都会导致黄金价格上升、美元汇率下跌。其次，实证检验了美国 QE 政策对黄金价格的短期和长期影响。短期方面，采用短期影响事件方法，结果表明 QE 政策对黄金价格短期影响显著；而长期方面本书采用滚动回归的方法，结果表明两者的关系是时变的。最后，本书实证检验了美国 QE 政策对美元汇率的短期和长期影响。短期方面，通过事件法研究表明美国 QE 政策对美元汇率有显著的影响；长期方面，采用协方差分析，其研究结果表明，QE 政策对相关国家汇率，尤其是金砖国家汇率影响显著，其中尤以美元兑人民币汇率所受影响最大。

第三，研究了美国 QE 政策期间及 QE 政策不同阶段黄金与美元汇率的风险相依性。首先，针对美国 QE 政策实施期间，基于 Copula 模型从联合分布函数的一般相关关系和尾部相依关系提出实证模型的理论假设。在此基础上，本书依据数据分布的特点分别拟合偏态 t 分布下不同 Copula 函数对黄金与美元汇率的相依性进行测度，结果表明 DCC-t-Copula 函数为最优拟合函数，由此验证黄金可以对冲一般市场和极端市场情况下的美元汇率风险，而且其对冲能力是时变的。其次，对美国 QE 货币政策不同阶段黄金与美元汇率 DCC-t-Copula 相依系数研究结果表明，美国 QE 货币政策的实施导致黄金与美元汇率相依程度增加，即黄金对冲美元汇率风险能力增强。

第四，分别从美国 QE 政策实施期间和 QE 政策不同阶段研究了黄金对冲美元汇率风险效果。本书基于投资组合理论，获得最小风险情况下黄金对冲美元汇率风险的最优资产配置比例，然后分别对 QE 政策实施期间和 QE 的不同阶段的黄金对冲美元汇率结果进行检验。其中，美国 QE 政策实施期间，本书

分别采用 σ、静态及动态 VaR 方法，计算出该最优资产配置可以有效对冲美元汇率双边风险和美元汇率极端尾部风险。而在美国 QE 政策实施不同阶段，由于国际金融市场急剧变化，导致给定信息条件下金融时间序列的波动风险存在差异，基于此，本书建立 EGARCH-X-t 模型检验在美国 QE 政策不同阶段黄金对冲美元汇率风险的效果，结果表明该资产配置方案可以有效对冲美元汇率风险。

研究结果揭示了美国 QE 政策下黄金价格和美元汇率的短期风险集聚效应和长期动态时变特征，并验证了不同市场状态下的对冲关系以及最优资产配置方案对冲美元汇率风险的效果，为政府部门、企业以及个人规避汇率风险提供理论支撑和经验依据。

目录

第 1 章

绪　论

1.1　研究背景与意义

汇率波动最直接的影响是导致一国的国际储备资产价值处于不确定性风险中，同时使得从事国际贸易的企业难以估算成本和盈利。剧烈的汇率变化甚至可以吞噬大企业，使一国财富短时间内大量蒸发。因此汇率风险问题一直以来都是各国央行和企业面对和解决的重要问题之一，尤其是作为国际货币和储备资产的美元，其汇率风险倍受世界关注。

1.1.1　研究背景

美元作为当前全球最主要的国际储备货币和交易结算货币被世界各国广泛接受。依据国际货币基金组织（IMF）统计数据，截至 2014 年底，美元外汇储备资产约为 42905.76 亿美元，占全球外汇储备资产的 63.67%。在国际贸易活动中，大约 70% 的国家用美元来计价商品和劳务的价格。采用美元结算占全球跨境结算业务的 41.63%。因此美元汇率的波动对世界各国、金融机构和非金融机构、企业以及个人都有着重要影响。自布雷顿森林体系崩溃以来，世界主要货币汇率由盯住汇率制度转变为自由浮动汇率制度，美元汇率波动显著上升，风险大幅增加。汇率风险问题因而受到各国广泛关注，如何有效规避美元汇率风险成为各国及相关金融机构研究的焦点之一。

爆发于 2008 年的金融危机是 20 世纪 30 年代大萧条以来最为严重的金融危机，包括房地美和房利美等大量具有重要影响的金融机构破产倒闭。美国股票市场和外汇市场连续暴跌，市场流动性接近枯竭。而此时的美国联邦基金利率则处于历史低位，已无法继续通过降息手段刺激经济实现复苏。为了提振美国经济、恢复金融市场功能，美联储于 2008 年底实施了以大规模资产购买为代表的 QE（quantitative easing，量化宽松）货币政策。

美国作为美元货币的发行国，同时又是当今世界最大的经济体，其货币政策对美元汇率有着重要影响。尤其是在金融危机期间金融市场严重恐慌的情况下，美联储超常规的大规模资产购买措施在缓解金融市场压力的同时也产生了巨大的冲击效应和风险。在此期间，美元汇率经历了大幅波动，其中，美元汇率指数最低达到了阶段低值 68.1，最高则达到了 94.8，波幅为 139.2%。面对美元汇率的剧烈波动，各国及金融机构纷纷采取措施规避美元汇率风险。

通过多样化的投资组合以降低风险减少损失，是现代投资理论的重要思想之一。如果国际的金融资产市场联系不太紧密，则可以通过国际投资多样化分散风险。然而在金融危机时期，尽管宏观经济基本面不存在很强的相互依赖性，但传染效应导致市场出现强烈的共同运动趋势（Hasman and Samartín，2008）。一国的金融市场动荡会迅速传染到国际市场，进而使得金融风险在世界经济体间蔓延。为了应对金融危机，主要发达经济体和发展中国家实施了不同特征的 QE 货币政策，大量的货币发行，导致纸币购买力下降。因此采用国际分散投资的方式难以有效规避美元汇率风险。

美元作为信用货币，缺乏内在价值且具有鲜明的国家属性，并受到美国经济政策以及美国信用风险的影响。而黄金作为人类历史使用最悠久的货币，有着广泛的可接受性，其作为一种贵金属不具有国家属性，同时作为实物货币又有着很高的内在价值。美元难以解决国家属性与国家信用风险之间的矛盾，这决定了在当今国际货币体系下黄金依然担负着最后支付的职能。

已有研究证明黄金的剧烈波动与美国货币政策密切相关，美国每增加1%的货币供给，将导致黄金价格平均上涨 0.9%（Hayo et al.，2012；谭雅玲，2013）。金融危机期间伴随着金融市场的不断恶化和美国 QE 货币政策的实施，黄金价格迅速飙升，避险功能凸显。

尽管已有不少学者对美元汇率风险规避问题从理论与实证不同角度进行了大量分析，但仍有以下几方面问题有待进一步研究：

第一，QE 货币政策作为新型的货币政策手段，对黄金价格和美元汇率影响的机理是什么？美国 QE 政策的实施和退出对黄金价格和美元汇率究竟产生何种影响？

第二，如何在准确描述数据分布的基础上，准确检验黄金与美元汇率在不同市场状态下的相依关系？美国 QE 货币政策实施期间和不同阶段，黄金与美元汇率的相依关系的动态变化特征又是什么？

第三，黄金与美元汇率最小风险投资组合的风险构成如何？在美国 QE 政策实施期间以及不同阶段，采用该资产配置下，黄金能否有效对冲美元汇率风险？

对以上问题的深入研究和解答将有助于我们深刻理解 QE 货币政策影响、黄金与美元之间的传导机理，同时有助于为各国央行和金融市场投资者规避美元汇率风险提供理论和经验支持。

1.1.2　研究意义

2008 年的金融危机作为黄金非货币化以来的重要事件，对美元产生了深远影响，如何规避美元汇率风险成为人们最为关心的问题。黄金能否有效规避美元大幅波动的风险？对这一问题的解答将为相关政府部门、企业以及个人规避汇率风险提供有力的理论支撑和经验依据。

QE 货币政策作为新的货币政策手段，其对金融市场带来了巨大的震撼性冲击效应，其作用机理以及对金融市场影响程度都需要进一步深入研究。未来特定环境下，美联储仍然存在采取 QE 政策提振美国经济的可能性，美元作为重要的国际货币和储备资产，被世界绝大多数国家普遍持有，因此如何规避美元风险是大多数国家央行和投资者迫切关心的问题。

1.1.2.1 理论意义

QE 货币政策作为金融危机治理的重要手段之一，这一新的货币政策手段的实施，导致作为主要国际储备资产的美元出现大幅贬值，大量资金涌入黄金市场寻求避险。因而分析研究 QE 货币政策对美元汇率的传导渠道及黄金对冲美元风险的效果成为理论上迫切需要解决的问题。

首先，金融风险对冲问题不仅要求最优的对冲效果，而且要深入研究对冲资产本身可能存在的风险，以及其与对冲标的之间的内在关系和这种关系在对冲效果中的影响。本书通过对黄金与美元之间的对冲研究，揭示了黄金对冲美元汇率风险的内在机理。

其次，本书从 QE 货币政策的机理开始，对美国 QE 货币政策影响黄金和美元汇率的渠道进行了理论分析。从理论高度解释了 QE 货币政策影响传递的过程及途径，客观反映其政策的根本特征以及与常规货币政策的差异，有助于我们掌握其政策规律。

最后，从黄金的货币属性、商品属性、投资属性研究黄金作为美元的对冲和避险资产的原因。这有助于我们深刻理解作为国际资产储备的黄金和美元的本质特征与区别，为实证检验和政策实施提供理论支撑。

1.1.2.2 现实意义

美元在各国外汇储备中占有重要位置，尤其是我国，70% 的外汇储备是美元资产，同时美元又是各国国际贸易中的主要结算货币，美元汇率波动对企业的进出口商品的收益与成本有着重要影响。相对于货币期货、期权等金融衍生工具，黄金受到金融制度风险的影响很低，尤其在金融系统性风险爆发时期，具有实物特征的黄金避险能力更加凸显。本书深入研究了 QE 政策的机理，梳理 QE 政策期间黄金与美元汇率之间相互影响机理、程度、规律和特征，并通过建模和实证分析黄金对冲美元风险的效果。相关发现有助于政府、企业和个人在现代复杂金融体系之外，采取规避美元汇率风险的方法与措施，降低国际经济交往中，尤其是存在金融系统性风险时美元汇率风险带来的损失。

1.2　国内外研究现状

鉴于美国是当今世界的第一经济强国和美元占据国际货币的霸主地位，美元汇率风险的研究尤其引人关注。大量文献对美元汇率的波动性风险及规避措施进行了分析，主要包括套期保值、不同资产配置等。由于黄金的特殊地位，不少文献对黄金规避美元汇率风险进行了研究，尤其是 2008 年金融危机以来，黄金的避险保值功能再度凸显。

1.2.1　QE 政策对汇率的影响

现有 QE 政策对汇率影响的研究中主要从理论角度和实证角度对 QE 政策进行了分析。其中实证检验的研究分别对欧美、日本 QE 政策进行了实证分析，此外也有不少学者对 QE 政策对中国汇率的影响进行了深入研究。

1.2.1.1　理论研究方面

理论方面的研究主要从宏观政策背景以及有关货币政策分析框架进行分析，并得出 QE 政策将会导致美元贬值的结论。塞斯佩德斯等（Céspedes et al.，2017）证实存在金融约束的前提下，非常规货币政策并非中性。易宪容（2014）认为在美国经济衰退的情况下，QE 政策的实施，使得美联储释放出巨大流动性，从而全面降低社会融资成本；同时由于利差交易的存在，导致资金流向全球市场，进而美元贬值风险上升。美国退出 QE 政策后美元大幅升值，而其他国家货币则相继出现贬值，因而导致外汇储备中非美元货币估值的下降（余振等，2015）。闫海峰、王应贵（2010）在货币供应过程框架下，通过对货币乘数公式的推理证明，明确了基础货币、美元钞票发行和货币供应的关系，并结合次贷危机讨论了美元钞票发行在货币供应过程中的被动作用；在此基础上，采用格兰杰因果检验法检验表明，美元汇率的变化与基础货币和美元投放量没有直接的联系。安辉等（2016）研究得出，美国QE 政策通过影响汇率，进而对国际资本流动产生影响。

1.2.1.2 实证研究方面

首先，关于不同经济体 QE 政策对汇率的影响研究，主要结论为 QE 政策公告对主要货币汇率有显著的冲击效应，QE 政策的实施将导致汇率贬值。肯努吉斯等（Kenourgios et al.，2015）实证研究得出，QE 货币政策公告增强了汇率的波动性。贝克曼和楚达伊（Beckmann and Czudaj，2017）研究发现非常规货币政策对预期的影响具有时变性，并且对汇率有显著的冲击效应。肯努吉斯等（Kenourgios et al.，2015）基于包含 QE 政策虚拟变量的APARCH（1，1）模型研究了货币政策宣告对汇率的影响，结果表明 QE 政策对英镑和日元有显著负向影响，但 QE 政策宣告对汇率波动性影响不显著；欧元对欧洲央行的 QE 政策宣告存在滞后性，欧洲央行 QE 政策实施之后欧元出现贬值并且波动性上升。格特勒和考拉迪（Gertler and Karadi，2011）基于动态结构因子模型，对日本 QE 货币政策研究证明，在 QE 政策实施前期以及实施期间，名义汇率和实际有效汇率都出现大幅贬值。王永茂、刘惠好（2011）基于 Frankel 理论模型，采用 VEC 模型分两阶段进行实证分析表明：相对于零利率宽松货币政策，日元汇率对 QE 货币政策有很强的独立性，汇率的短期和长期波动受 QE 政策影响均不显著。

其次，QE 政策对人民币汇率影响的研究，主要结论为 QE 货币政策对人民币汇率有显著的影响。王如丰、陈琦（2012）研究了货币政策公告产生的政策冲击对人民币汇率变动的影响，发现无论是否剔除外生性事件，紧缩性货币政策冲击都会引起人民币对美元汇率贬值。陈等（Chen, et al., 2017）将资本管制和汇率干预纳入泰勒规则对汇率的动态性进行了研究，结果表明货币政策和风险溢价对汇率的影响很小，而央行的外汇干预则起着重要作用。路妍、吴琼（2016）认为随着美国退出 QE 货币政策，人民币贬值压力增加，而欧元区和日本继续实施 QE 货币政策，增加了人民币汇率波动的不确定性。杨远航（2015）认为美国 QE 货币政策的实施，增大了人民币兑美元汇率升值预期。白玥明（2015）实证检验得出，美国 QE 货币政策信号渠道对人民币汇率有显著的冲击效应，货币政策宽松的信号导致人民币升值预期增强，而货币政策紧缩信号则会使人民币汇率贬值压力增加；自美联储实施第二轮 QE 货币政策之后，中国人民银行采取了适度的冲销措施，降低了美联储 QE 政策信号的影响。田涛等（2015）基于 ARMAX 实证检验表明，剔除其他因素影响的情况下，人民币汇率并未受到金融危机的显著影响，而将美国 QE 政策纳入影响因素之后则人民币汇率贬值压力明显。其中，人民币升值预期受美国 QE1 政策影响最大，而 QE3、QE4 的影响则不显著。安辉等（2013）建立了 Logit 模型检验了流动性冲击对人民币兑美元汇率的影响，验证了 QE 政策是重要的影响因素之一。

1.2.2　汇率风险度量研究现状

汇率是一个国家的货币可以被转换成其他货币的价格。由于汇率波动导致的一国外币资产或负债的不确定性风险称为汇率风险（或外汇风险），一般有交易风险、换算风险和经济风险三种类型。其中，交易风险是由于未来特定时间，以外币标价的流出或流入现金流，兑换本币时面临的不确定性。换算风险表现为母公司与国外分支机构合并财务报表时资产收益与负债面临的汇率变动风险。经济风险则主要指由于汇率的波动导致成本不断增加或收入不断下降的风险，侧重以未来现金流的现值衡量公司价值。

现有文献主要从计量模型法和分布函数法对汇率风险进行了实证研究。

计量模型法多以 GARCH 模型或 GARCH 模型与 VaR 结合运用；分布函数法则分别从不同分布函数、Copula 连接函数以及与 VaR 的结合应用等角度进行了实证分析。

1.2.2.1 计量模型法

现有研究大多采用面板 GARCH 模型或 GARCH 与 VaR 方法相结合的方法，对汇率风险进行测度。

面板 GARCH 模型方面：刘用明、贺薇（2011）采用面板 GARCH 模型，对汇率风险 VaR 值进行了测算，弥补了同时计算多个汇率风险因子的 VaR 值中的缺陷；并基于该模型较好地捕获汇率的波动，提高 VaR 测算精度。吴晓、李永华（2013）在考虑条件在险价值和汇率间联动性基础上，研究发现特定条件下，面板 GARCH 模型对汇率风险度量更准确。段军山、魏友兰（2012）运用考虑汇率滞后因素的面板数据模型，测度表明中国银行业存在显著的外汇风险暴露。

GARCH 模型与 VaR 方法相结合方面：朱孟楠、侯哲（2013）在考虑不同货币汇率相关性与波动性的条件下，实证表明我国外汇储备则面临一定的汇率风险。潘志斌（2010）依据我国外汇储备汇率风险的内部构成以及边际贡献情况，得出少量配置其他币种资产并不能显著降低我国外汇储备整体的汇率风险。黄等（Huang et al.，2014）发现汇率风险具有时变性和逆周期特征，这有助于解释股权溢价的逆周期特征。安曼和比塞尔（Ammann and Buesser，2013）同样发现了方差风险溢价的时变性特征。杜和胡（Du and Hu，2012）发现当采用同期汇率变动作为汇率风险指标时，汇率风险并未体现在股票价格中。刘和曹（Liu and Cao，2011）基于 GARCH 模型将宏观信息变量加入汇率 VaR 分析中，实证表明该模型可以提高 VaR 风险度量效果。王等（Wang et al.，2011）采用多重分型理论研究得出厚尾分布对美元兑欧元汇率（USD/EUR）和人民币兑美元汇率（CNY/USD）的汇率分型有重要影响，而且极端事件在美元兑欧元汇率（UDS/EUR）的汇率分型中起到重要作用。

1.2.2.2 分布函数法

采用不同分布函数的实证研究方面：主要结论为外汇收益率存在尖峰厚尾特征，分布函数对测度结果有显著影响。采用 GARCH-VaR（1，1）模型，陆静、杨斌（2013）研究发现外汇收益率具有尖峰特征和波动集聚性特点，且欧元和日元收益率服从正态分布。刘飞、郑晓亚（2015）证明非对称拉普拉斯分布函数，比正态分布能够更好地拟合汇率收益率尖峰、厚尾、偏态特征，并且能更有效地测度汇率在险价值。朱新玲、黎鹏（2011）分别在不同分布、模型和置信水平假设下采用 GARCH-VaR 与 GARCH-CVaR 方法，对人民币汇率风险进行测度，结果得出不同 GARCH 模型对 CVaR 和 VaR 值的影响不显著，而 CVaR 和 VaR 受到置信水平和分布假定的显著影响。德杰斯等（de Jesús et al.，2013）通过在 VaR 中引入广义极值分布，并对汇率市场进行实证检验表明，EVT 方法是比传统 VaR 方法更精确和保守的估计方法。王等（Wang et al.，2010）基于 GARCH-EVT-Copula 模型研究了外汇投资组合风险问题，得出不同 Copula 和置信水平得到的最优资产配置相似，均以美元配置为主。何等（He et al.，2014）基于信息熵的多变量小波分析法，提高了在险价值估计的可信度，在汇率市场风险估计中有着出色的性质。

采用 Copula 连接函数研究方面：主要结论为时变 Copula 函数能更精确测度汇率风险。谢赤等（2012）构建了一个时变多元 Copula 模型，运用 Monte-Carlo 模拟技术计算人民币汇率 VaR，并与静态多元 Copula-VaR 的度量效果进行比较分析，实证结果表明：人民币兑各主要货币汇率之间相关结构的时变性，时变多元 Copula-VaR 对商业银行汇率风险的度量效果更好。崔百胜、陈浪南（2011）采用多元静态和时变 Copula-t 模型，分别求出人民币汇率 VaR 与 CVaR 值，同样证明时变 Copula-t 比静态 Copula-t 模型能更准确测度外汇储备汇率风险。王和解（Wang and Xie，2016）对汇率的尾部相依性分析表明，上尾部相依性比下尾部相依性更稳定，并建议市场参与者需要依据市场的不同状况采用不同的投资策略。

此外，汇率风险与其他资产之间的动态关系方面：德特鲁奇斯和凯达德（de Truchis and Keddad, 2016）通过对原油市场与美元汇率之间相依关系的度量，当采用静态 Copula 模型时展现出弱相依性，而动态 Copula 模型则对金融市场状况有较强的敏感性，尤其是在金融危机爆发之前和欧债危机爆发之后相依性增强；雷伯雷多等（Reboredo et al., 2016）通过测度汇率市场与股票市场的上尾部与下尾部风险存在正相依性；吴振翔等（2004）基于 Archimedean Copula 给出了确定两种外汇最小风险（VaR）投资组合的方法。

1.2.3 汇率风险对冲研究现状

汇率风险对冲方法的研究中，本书分为黄金对冲美元汇率风险的研究和非黄金对冲汇率风险的研究。在黄金对冲美元汇率风险大的研究中主要分为对冲关系的研究和对冲效果的研究。非黄金对冲汇率风险的研究主要包括对冲策略、套期保值和除黄金之外的不同资产投资组合的研究。

1.2.3.1 黄金对冲美元汇率风险研究

（1）相互关系的研究。黄金与美元汇率相关关系的研究主要有理论层面的分析和实证角度的检验。其中实证检验多基于 GARCH 模型进行测度，但也有部分采用小波分析、滚动回归等研究方法。

理论分析方面：已有研究侧重从信用货币的特征及美元的国际货币地位，对黄金与美元之间的关系进行研究。金蕾、年四伍（2011）认为黄金与美元的价值之间存在某种程度的货币竞争关系；当信用受到质疑时，以信用货币为基础的金融系统将非常脆弱，这时具有避险特征的黄金则会受到青睐；如果信用基础出现严重问题或货币体系不稳定因素增强的时候，黄金储备的需求将会增加。如果是金融系统运行功能存在风险，投资者可能希望寻找一种不依赖金融系统以及和其有关科技的资产，在这种情形下，黄金作为一种没有相应风险的物理资产，则是美元的最优替代品（Baur and McDermott，2016）。谭雅玲（2004）从国际政治、经济以及交易方式等视角研究了黄金与美元汇率逆向变化的原因。在当前美元本位的国际货币体制下，美国存在超发货币的内在冲动，导致美元信用出现泛滥，美元贬值造成全球性通货膨胀，而以美元标价的黄金，其价格也相应地出现上涨（瞿明昱，2010）。

实证检验方面：已有研究分别采用 DCC-GARCH、相关系数、协整分析等方法对黄金与美元汇率之间的关系进行了实证，主要结论验证了黄金为美元的对冲资产。

采用 DCC-GARCH、相关系数研究的主要文献有：鲍尔和麦克德莫特（Baur and McDermott，2010）从行为金融角度阐述了黄金的避险属性，实证检验得出黄金是应对重大事件的强避险资产。杨楠、方茜（2013）运用 DCC-GARCH 和滚动 VAR 方法分析得出，黄金对冲美元贬值的避险功能以及影响因素存在时变性，黄金的避险功能在 2003 年之后显著上升。图力和露西（Tully and Lucey，2007）采用非对称指数 GARCH 模型研究了黄金与美元汇率之间的关系，结论为美元是影响黄金价格的主要因素。安辉等（2016）基于滚动回归研究证明，美国 QE 政策期间黄金与美元存在稳定的替代关系。吉内尔等（Ciner et al.，2013）首先采用动态条件相关系数研究得出，黄金可以作为美元的对冲资产；其次基于分位数回归方法对黄金与美元汇率进行了研究，实证结果得出黄金可以在极端市场条件下对冲美元汇率风险（Ciner，Gurdgiev and Lucey，2013）。乔伊（Joy，2011）基于 GARCH 模型的动态条件相关系数，研究验证了黄金对冲美元汇率风险的有效性，采用分位数系数研究得出，当市场压力增大时对冲效果不显著。贝克曼（Beckmann et al.，2015）研究认为，美元汇率波动更频繁导致黄金对冲功能增强，而当美元贬值时黄金价格主导美元趋势增强。林等（Lin et al.，2016）采用小波分析方法研究认为，美联储货币政策是驱动黄金与美元关系的主要因素，而且金融危机改变了起初的黄金与美元的关系，增强了黄金与美元之间的相依性。

协整分析等方法研究的主要文献有：肖斯塔（Sjaastad，2008）基于预测误差的方法研究认为，美元汇率升值或贬值对黄金价格有着重要影响。刘明、李娜（2009）基于协整和 VaR 方法分析发现，黄金价格主要受美元汇率影响与汇率存在长期均衡关系，因此增加黄金储备有利于抵御美元贬值风险。刘曙光、胡再勇（2008）采用线性回归法，分段研究得出，美元汇率与黄金价格之间的相关程度存在时变性。卡佩等（Capie et al.，2005）研究证明，黄金与美元汇率负相关关系的时变性，虽然美元汇率的波动可以被黄金对冲，但是高度依赖于不可预测的政治倾向和事件。郝玉柱、王秋影（2010）采用相关系数法分段研究表明，黄金与美元汇率长期内存在负相关关系，金融市场避险情绪上升时，则会背离常态出现正相关性。

（2）对冲效果的研究。对冲效果即对冲交易是否降低了原资产的波动风险，现有研究大多假设数据正态分布下应用小波分析、GARCH 以及 Copula 进行实证研究。米歇尔（Michis，2014）采用小波方差、协方差分解方法研究了包含黄金、股票、国债在内的投资组合，结果表明，在中期和长期黄金对投资组合风险的贡献最低。雷伯雷多和里维拉－卡斯特罗（Reboredo and Rivera-Castro，2014）采用小波分析方法验证了黄金价格与美元贬值之间的正相依性，应用 VaR 方法对黄金与美元投资组合对比分析，确认了黄金对冲汇率风险和下行风险的作用。伊克巴尔（Iqbal，2017）采用分位数回归方法证明，黄金在极端市场条件下具有很强的对冲汇率风险的特征。杨楠、邱丽颖（2012）基于时变 Copula 及 VaR 方法对我国最优资产储备结构进行了分析，然而其 GARCH 模型正态性假设存在缺陷并且最优资产比例的设定有一定主观性。梅松、李杰（2008）通过建立宏观经济福利函数，并采用数值模拟方法研究表明，当风险完全对冲时，宏观经济效用水平提高幅度达 56%；采用对冲策略将显著降低经济体结构失衡或各部门间存在较强相关性的风险。王和李（Wang and Lee，2016）基于动态面板门限模型研究得出，汇率的波动对黄金的对冲效果有显著影响。尹莉、杨盼盼（2012）基于情景分析认为，黄金与外汇储备之间的负相关关系并非一直成立，而且黄金价格本身也有较强的波动性，增加黄金资产储备并不一定优化储备资产结构。

1.2.3.2　非黄金对冲汇率风险的研究

第一，对冲汇率风险策略的研究。丁震（2003）从交易风险、经济风险等多角度，详细探讨了各种汇率风险规避与防范的方法。企业规避汇率风险的工具主要有远期结售汇和贸易融资，此外还包括期权合约、掉期交易、外汇期货以及改变结算时间和币种等其他避险方案等（王琛，2006）。杜娟等（2015）以动态博弈模型研究表明，价格激励能够提高零售商的汇率风险对冲比例和动机。兰等（Lan et al.，2015）则提出在金融危机期间，采用成本和收益的对冲策略可以更有效地管理汇率风险。

第二，套期保值的实证研究。吴晓（2006）首先从理论上构建汇率风险的最优动态套期保值模型，并进一步采用 BEKK 模型刻画最小风险的套期比率动态特征，证明套期保值能降低汇率风险，但套期保值方案效率高低排序与避险频率相关。余湄等（2014）采用含汇率风险对冲的多元化投资模型研究表明，远期合约对冲国际投资汇率风险的效果更好。尹力博、韩立岩（2014）提出基于人民币指数期货的综合套保策略，并证明引入人民币指数期货能够显著降低收益率波动，提高抵御汇率波动的能力，套保效率显著优于货币期货篮子；采用指数加权移动平均模型（EWMA）的动态套保策略，在市场极端状况时，可以保证人民币指数期货收益相对稳定。

第三，不同资产投资组合的研究。姜昱、邢曙光（2010）通过建立Mean-CVaR 模型得出，我国储备资产的最优币种结构；通过对比分析币种调整前后的 CVaR 表明，调整后的汇率风险显著下降。高松等（2004）通过在平稳序列中引入极值指标，并采用分串法构建 POT 模型实证检验表明，引入极值指标有助于提高 VaR 估计精度。黄祖辉、陈立辉（2011）采用 Logit 模型对涉外企业汇率风险应对行为进行了研究，结果表明国际化程度高的农业企业，倾向于金融衍生工具管理汇率风险。德拉·科特等（Della Corte et al.，2016）利用货币波动风险的可预测性能力，采取卖出高保险成本的货币，买入低保险成本的货币，进而实现高收益和分散风险的目的。阿尔瓦雷斯－迪埃兹等（Álvarez-Díez et al.，2016）实证检验表明，采用多种货币的交叉对冲策略，可以显著降低资产组合的 VaR 和 CVaR 风险。姜等（Jiang et al.，2013）基于考虑汇率风险的行为投资组合理论分析表明，国际投资组合的最优配置，应为考虑汇率风险的均值—方差有效性。

上述研究为在美国 QE 货币政策背景下研究黄金与美元汇率之间的相依关系，进而为规避美元汇率风险提供了理论基础和方法借鉴。已有研究虽然丰富全面，但仍有以下几方面的缺陷以及问题需要深入分析和完善。

第一，QE 货币政策作为一种新的货币政策手段，其对汇率的传导机理及作用渠道有待进行系统的梳理分析。现有研究多从理论角度阐述 QE 政策对美元汇率的长期影响或从实证角度检验 QE 宣告对汇率的影响。然而 QE 货币政策对黄金及美元汇率的长期及短期影响都需纳入统一的分析框架进行系统分析。

第二，黄金与美元汇率对冲关系测度方面。现有研究采用的模型大多假设数据是正态独立同分布的，然而现实中数据服从正态分布较为罕见。此外，大量研究已经证明金融数据具有尖峰厚尾的分布特征，如果采用正态分布假设则会低估金融风险。尽管有研究采用 t 分布拟合美元汇率数据，但仍忽略了数据分布的偏态特征。在黄金与美元汇率相依结构的测度方面多采用线性相关系数反映其相关关系，虽有文献采用 Copula 方法对黄金与美元汇率的相依结构进行了测度，但未能对金融危机期间其相依结构的动态变化情况以及美国 QE 货币政策对相依结构的影响进行系统研究。

第三，汇率风险度量方面。VaR 理论和 GARCH 模型被认为是测度尾部风险和条件风险最有效的方法之一。已有研究文献采用这些方法广泛应用于风险度量以及投资组合效果的评估，但是应用 VaR 或 GARCH 测度风险时多采用正态假设。然而投资组合的多元正态分布假设难以满足。同时在黄金与美元汇率的投资组合对冲效果方面，罕有文献对黄金与美元汇率投资组合的风险构成进行分析。此外，已有文献没有将美国 QE 影响渠道变量纳入黄金对冲美元汇率风险效果的研究当中。

1.3　研究内容与研究思路

本书系统研究了金融危机期间美国 QE 政策的实施对黄金和美元汇率波动的影响及规律，进一步对黄金与美元的相依结构角度进行测度，为黄金对冲美元汇率风险建立实证支持。在此基础上从投资组合角度出发研究黄金与美元汇率最优对冲比例，并对黄金对冲美元汇率风险效果进行分析评价。内容涉及美国 QE 政策下黄金与美元对冲机制研究，黄金与美元汇率的相依关系测度和黄金对冲美元汇率风险的效果测度。本书共有六个章节，具体主要有如下几方面的内容：

第 1 章，绪论。阐述本书研究的背景、意义、内容以及研究思路和方法。在综述国内外研究现状的基础上，对现有黄金对冲美元汇率波动的研究深入评述，梳理归纳现有研究存在的局限与不足，在此基础上提出本书的创新点并构思全书研究的技术路线。

第 2 章，美国 QE 政策背景、内容与相关理论基础。首先，本书对 QE 政策的背景和具体内容进行了详细的整理，从而为后续的研究奠定基础。其次，本书分析了对冲美元汇率风险的方案，包括黄金对冲和非黄金对冲，其中重点研究了黄金作为美元对冲资产的机理，即黄金和美元汇率的对冲关系主要受到黄金货币属性和避险属性的影响。最后，本书介绍对冲效果的测度，具体包括相互关系度量、对冲权重测算和对冲效果的度量方法。由于 Copula 函数可以精确测度变量之间的相依结构，因此相互关系度量方面重点介绍了 Copula 函数的基本理论和常用的 Copula 函数。同时，基于均值—方差模型介绍了最优对冲权重的计算方法，并梳理了对冲效果的度量方法，包括以 σ 为代表的双边风险度量和 VaR 和 CVaR 等单边风险度量方法。

第 3 章，美国 QE 政策对黄金价格与美元汇率影响机理研究。首先，研究了美国 QE 货币政策对黄金和美元汇率波动影响的传导渠道，包括信号渠道、资产组合平衡渠道和流动性渠道。其次，分别从短期 QE 货币政策宣告和长期

QE 政策实施期间中研究了美国 QE 对黄金价格的影响。最后，分别从短期 QE 货币政策宣告和长期 QE 政策实施期间中研究了美国 QE 对美元汇率波动的影响。

第 4 章，美国 QE 政策视角下黄金与美元汇率相依关系测度。首先，基于 Copula 模型从联合概率分布角度提出黄金与美元汇率之间存在对冲关系的理论假设。其次，采用 Copula 模型测度黄金与美元汇率之间的相依结构，实证检验美国 QE 期间黄金与美元汇率的对冲关系。最后，进一步分析了美国 QE 货币政策不同阶段黄金与美元汇率对冲关系的变化情况。

第 5 章，美国 QE 政策视角下黄金对冲美元汇率风险的效果测度。首先，研究了不同权重下黄金与美元汇率组合的收益及风险的变化关系，并测算了最小风险情况下的最优对冲比例。其次，分别采用 σ 和 Copula-VaR 方法对美国 QE 政策期间黄金与对冲美元汇率投资组合风险构成及对冲效果进行了实证研究。最后，基于 GARCH 模型研究了美国 QE 政策不同阶段给定信息条件下黄金对冲美元汇率风险效果。

第 6 章，结论建议与研究展望。对本书的主要研究结论进行了归纳总结，并指出未来风险管理及规避美元汇率风险的研究方向。

本书具体研究思路，如图 1.1 所示。

图 1.1　本书研究思路

1.4　研究方法与技术路线

1.4.1　研究方法

1.4.1.1　文献综述法

通过搜集整理国内外关于黄金与美元的研究论文和书籍，得到有关黄金与美元之间关系的系统的研究渊源和最新的研究进展。在此基础上，本书对有关文献进行深入的阅读和思考，对其中最新的研究成果和研究方法进行反复推敲和对比分析，梳理出本书的写作思路和研究方法，提出在金融危机期间以美国 QE 货币政策为背景的黄金与美元之间对冲关系，并进行实证检验。

1.4.1.2　定性分析法

首先，通过整理分析 2008 年金融危机的背景和美国 QE 货币政策的传导机制，为研究美国 QE 货币政策对黄金与美元波动及相依性的影响建立了理论基础。其次，系统研究了黄金作为美元的对冲资产和避险资产的理论依据，为实证检验黄金作为美元的对冲和避险资产提供定性支持。

1.4.1.3　定量分析法

在定性分析的基础上，本书采用多种方法对美国 QE 货币政策的影响和黄金与美元之间的相依结构等进行了详细的定量分析研究。首先，采用事件分析法、滚动回归法以及方差分析等研究了美国 QE 货币政策对黄金以及美元汇率波动性的影响。其次，采用 Copula 模型提出假设并实证检验了黄金与美元汇率在不同市场状态下的对冲关系。最后，采用 σ、Copula-VaR 以及 GARCHX 模型检验了黄金对冲美元汇率波动效果，提出了最小风险下的资产组合比重。

1.4.1.4　对比分析法

本书采用对比分析法，分别从美国 QE 政策实施期间与美国 QE 政策不同阶段这两个方面，系统研究了美国各轮 QE 货币政策背景下黄金与美元的波动、相依结构及对冲效果。

1.4.2　技术路线

本书主要以美国 QE 货币政策为政策背景贯穿始终，层次上从研究背景分析开始到风险管理结束层层深入。内容包括美国 QE 货币政策的影响，黄金与美元对冲关系的理论及实证检验，黄金与美元最优资产配置以及对冲效果分析。从政策背景出发，到风险管理结束并提出相应结论建议，从理论和实证两个方面，多层次和不同角度深入分析黄金对冲美元汇率风险的依据及效果。具体研究技术路线如图 1.2 所示。

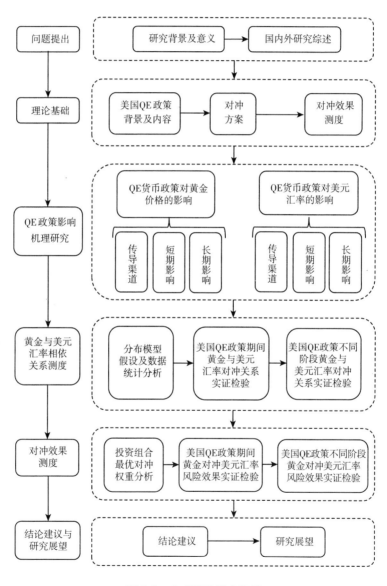

图 1.2 本书研究技术路线

1.5　本书的创新点

本书创新性研究成果主要为：美国 QE 政策影响黄金与美元汇率的短期和长期效应、黄金与美元汇率的对冲关系测度、黄金与美元最优资产配置方案和对冲效果测度。

第一，研究视角的创新。研究了美国 QE 政策影响黄金和美元汇率的机理，据此构建模型实证检验并揭示了美国 QE 政策对黄金价格和美元汇率的短期冲击效应和长期动态时变特征。

第二，研究方法的创新。基于 Copula 模型构建黄金与美元汇率的联合分布，实证测度了黄金与美元汇率间一般市场条件下的对冲关系和极端市场条件下的对冲关系，弥补了现有研究中主要基于线性相关关系以及数据服从正态分布假设等方面存在的缺陷。

第三，研究内容的创新。构建黄金与美元最优资产配置模型，从美国 QE 政策实施期间与美国 QE 政策实施的不同阶段这两个方面，对无条件信息风险和给定信息条件下的风险进行测度，据此揭示了该资产配置方案下美元汇率风险的对冲效果。

第2章
美国 QE 政策背景、内容
与相关理论基础

首先，本章对美国 QE 货币政策的实施背景和历次 QE 政策的内容进行了梳理分析。其次，归纳总结了对冲美元汇率风险的方案，主要包括黄金资产、外汇期货、外汇期权、远期外汇、货币互换，并详细阐述了黄金对冲美元汇率风险的机理。最后，系统阐述了对冲效果测度方法，主要包括相互关系的度量、最优权重的计算以及对冲效果的度量方法，从而为实证分析黄金和美元汇率的对冲关系、以及最优风险对冲策略奠定坚实的理论基础。

2.1 美国 QE 政策背景及内容

2008 年金融危机以来，在面临名义零利率约束下，以美国为代表的主要发达经济体先后实施了大规模的 QE 货币政策，并实现了经济的复苏和增长。本书全面归纳总结了美国 QE 政策的背景及各阶段政策内容。

2.1.1 美国 QE 政策背景

爆发于 2007 年的次贷危机使得投资者纷纷抛售美国的抵押债券类资产，

市场流动性一度接近枯竭。尽管美联储向市场注入流动性，但依然连续出现多个著名金融机构的破产倒闭，进而引爆了全球金融危机。经过连续降息，美国联邦基金利率已经接近于零，传统的货币政策失去了进一步调整的空间。在此背景下美联储采取了以大规模资产购买为代表的 QE 货币政策措施。

2.1.1.1　美国经济出现严重衰退

金融危机爆发之后，美国经济持续衰退，甚至出现负增长，2008 年与 2009 年 GDP 增长率分别为 - 0.3% 和 - 2.8%。同时，美国失业率大幅上升，从 2007 年的 4.6% 上升到 2008 年的 5.8%，2009 年则攀升至 9.3% 并居高不下。在经济增长乏力和失业率激增的情况下，总需求大幅下降，一度出现通货紧缩的现象，2009 年 CPI 指数为 - 0.1%（见图 2.1）。这是自 1930 年大萧条以来美国面临的最为严重的经济衰退。

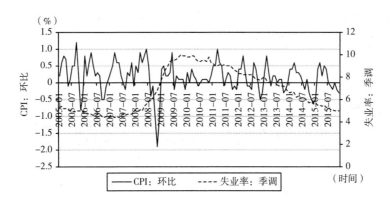

图 2.1　美国 CPI 和失业率

2.1.1.2　传统货币政策失效

次贷危机以雷曼兄弟破产倒闭为代表，之后美国最大的房屋抵押贷款公司房地美、房利美被政府接管等一系列金融事件，使得抵押债券、公司债券等资产的流动性枯竭。尽管美联储多次降低联邦基金利率，但仍未能有效缓解流动性紧张，美元隔夜拆借利率持续走高。传统货币政策是以市场利率为中心环节，美联储可以采用调整联邦基金利率的方式影响市场利率，进而达到调控经济的目的。由于面临零利率约束，在联邦基金利率已接近于零的情况下，传统货币政策传导机制已然失效。

2.1.1.3 扩张性财政政策空间有限

为了刺激经济，美国奥巴马政府继续实施减税措施，并减少财政支出进而降低财政赤字。然而为了应对金融危机，美国政府不得不实施增加对失业人员的救助和扩大医保覆盖率等措施，这又导致赤字水平进一步提高。美国联邦政府年度赤字规模从 2007 年的 1607 亿美元上升到 2008 年 4585 亿美元，2009 年则攀升至 14127 亿美元，到 2012 年为止年度赤字规模都在 10000 亿美元以上（见图 2.2）。由于债务不断增加，美国政府不得不于 2009 年 2 月开始连续 6 次调高联邦政府的债务规模上限。基于美国政府债务长期居高不下，标准普尔指数于 2011 年 8 月调低美国债务评级，导致美国政府融资成本上升。因此美国实施财政扩张刺激经济的余地有限。

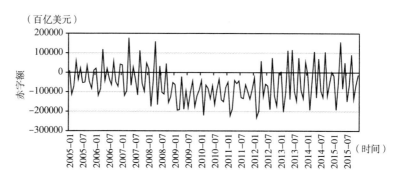

图 2.2　美国联邦政府赤字额

2.1.2　美国 QE 政策的形式和内容

2008 年美国金融危机导致金融系统的传导机制的破坏，造成了巨大的损失，影响了流动性及银行和借款者的偿付能力。为了应对金融危机，尽管美联储将美国联邦基金利率（短期名义利率）降低到接近于零的水平，但实际利率却依然高企。传统货币政策不能修复金融市场的信贷功能，并未阻止金融危机的进一步恶化和蔓延，因此丧失了刺激经济的能力（Reifschneider et al.，2000）。为了提振美国经济，美联储实施了 QE 货币政策，通过大规模资产购买的方式对通货膨胀和失业率等货币政策最终目标进行直接干预。实践表明这一系列非常规货币政策缓解了金融市场恐慌，减轻了金融机构资产负债表收缩的压力，重塑银行系统的信贷渠道，避免了实体经济部门陷入衰退的情况。同时 QE 货币政策的实施也对黄金和美元等重要国际金融资产价格产生了重要影响。

QE 货币政策主要是指在零利率或近似零利率时，中央银行通过在市场中购入国债等中长期债券，将流动性资金大量注入市场，提高基础货币的供给量，从而激励借贷和开支。QE 政策涉及的债券通常为长周期、大金额的政府债券。一般情况下货币当局只有在利率等常规货币政策工具失效时才会采用这种极端货币政策措施。

2.1.2.1 美国 QE 政策形式

美国 QE 货币政策主要包括三种政策措施，分别为：货币政策沟通、扩大中央银行资产负债表规模、调整中央银行资产负债表结构。

（1）货币政策沟通。近年来，政策沟通成为中央银行的一种重要政策工具。货币政策沟通的理论基础在于，在面对不断变化的社会经济时，中央银行比私人部门和企业拥有更多的关于经济现状和未来经济发展的信息。中央银行采用沟通的方式传递其对未来经济状况的观点或采取的措施，引导公众的预期与央行预期趋于一致，从而提高政策有效性。

（2）扩大中央银行资产负债表规模。美联储通过调整资产负债表规模的方式为金融机构提供更多的流动性，缓解融资压力和降低融资成本，从而最终提高其贷款能力和意愿。同时，央行通过资产购买行为不仅使得风险溢价下降，还使得私人部门承受风险能力得以提高。此外大规模的资产购买还将向市场传递央行政策的决心，影响通货膨胀预期，从而有利于实际利率的降低。

（3）调整中央银行资产负债表结构。中央银行可以通过调整资产负债表中不同资产负债的比例和数量，实现影响社会中不同资产的供给数量，进而调整不同资产收益率的目的。比如通过调整央行持有的长期债券和短期债券的数量，从而实现调整长期利率和短期利率的目标。

2.1.2.2 美国 QE 政策内容

从 2008 年金融危机开始到 2013 年底，美联储共实施四次 QE 货币政策，最后渐渐退出，其各阶段主要政策内容及政策时间，如表 2.1 所示。

表 2.1　　　　　　　　　　　　美国 QE 政策时间及内容

时间	事件	政策及主要内容
2008 年 11 月 25 日	QE1	购买政府支持企业（GSE）与房地产有关的直接债务，及其有关抵押贷款证券（MBS），规模约 1.725 万亿美元
2010 年 11 月 4 日	QE2	购买美国长期国债总额度为 6000 亿美元，并伴随卖出短期国债的"扭曲操作"额度约 6670 亿美元
2012 年 9 月 14 日	QE3	购买抵押支持债券（MBS）400 亿美元/月，卖出短期国债同时买入长期国债的"扭曲操作"
2012 年 12 月 13 日	QE4	每月采购 450 亿美元国债，代替"扭曲操作"
2013 年 12 月 19 日	退出 QE	每月缩减 100 亿美元购债规模

资料来源：根据美联储公告整理而得。

QE1：2008 年 9 月雷曼兄弟倒闭之后，面对严重的金融市场恐慌，美联储实施了第一轮 QE 货币政策。2008 年 11 月 25 日美联储宣布从 11 月开始直接购买长期国债、抵押支持债券（MBS）以及金融机构债券等。QE1 主要目的是通过购买 MBS 和金融机构债券增强市场流动性，稳定金融市场，累计购买规模约 1.725 万亿美元。

QE2：经过 QE1 之后遏制了美国经济的下滑，然而经济复苏压力依然严峻，并且消费价格指数持续下降并一度成为负值，通货紧缩趋势明显。据此美联储公开市场委员会（FOMC）2010 年 11 月 4 日宣布，每月购买 750 亿美元的政府长期债券，总额度为 6000 亿美元。美联储希望通过 QE2 的实施降低长期利率，从而实现经济复苏和避免通货紧缩。为了进一步压低中长期利率，FOMC 于 2011 年 9 月 21 日宣布实施"扭曲操作"货币政策，即在继续购买 4000 亿美元中长期债券的同时出售相应额度的短期债券。2012 年 6 月 20 日，FOMC 宣布延长扭曲操作并将购买规模再增加 2670 亿美元。

QE3：经过前两轮 QE 政策，美国经济依然复苏困难，失业率依然高企，2012 年 12 月 13 日美联储决定实施 QE3，即在继续实施"扭曲操作"的同时，实施每月购买 400 亿美元贷款抵押支持债券（MBS）。QE3 的实施目的在于促进房地产的复苏，与"扭曲操作"配合进而压低长期利率。

QE4：为了继续支持美国经济的复苏，美联储 2012 年 12 月 13 日宣布实施 QE4。自此美联储每月购买债券金额为 850 亿美元，分别为每月购买 450 亿美元美国国债的方式代替"扭曲操作"和 QE3 的每个月 400 亿美元购买数额。QE4 的实施，使得全球的低利率环境和充足的流动性在未来一段时间内得以持续。

退出 QE：2013 年 12 月 19 日，美联储宣布，联邦基金利率维持在 0.0% ~ 0.25% 区间保持不变，并从 2014 年 1 月开始逐月减少 100 亿美元 QE 购买金额。这标志着美国开启退出 QE 货币政策进程。

2.2　美元汇率风险的组合对冲方案

风险对冲首先需要明确采用何种对冲方案，对冲美元汇率风险的方案主要有黄金对冲和包括外汇期货、外汇期权、远期外汇、货币互换等非黄金对冲方案。

2.2.1　黄金对冲

黄金作为支付手段和重要的价值储存方式有着悠久的历史。黄金在非货币化之后，其货币职能并未完全消失，因而与美元之间存在货币竞争关系。在美元信用受到质疑时，人们更愿意持有黄金应对风险。国际黄金市场大多采用美元对黄金进行标价，因而美元升值往往导致黄金价格下跌，反之黄金价格上涨。相对于经过复杂公式设计出来的金融衍生品，黄金资产的风险更易清晰辨识，尤其在金融危机期间更加突出。此外，黄金的多重属性和物理特征更有助于增强黄金作为美元对冲资产的安全性。因此在一定程度上黄金资产对冲方案比金融衍生品对冲方案风险性更小。

黄金作为一种特殊的大宗商品，具有商品、货币和储备资产等多重属性。每当金融、经济出现大幅波动或危机时，都有大量资金涌入黄金市场，黄金市场成为资金的避风港。黄金与美元都是当今世界重要的国际储备和避险资产，其相互间有着较强的替代性。2008 年国际金融危机以来，随着危机的不断深入和美国 QE 货币政策的实施，黄金避险保值属性愈加凸显。2010 年国际黄金储备由降反升出现逆转，各国央行尤其是新兴经济体，纷纷减少黄金的卖出，增加买入，持续 21 年的黄金净售出历史宣告结束。全球官方黄金储备总量不断上升，截止到 2016 年 3 月，全球黄金储备达到 32735 吨，创下了金融危机以来的新高。

黄金市场的发展贯穿了货币制度以及社会经济发展的演变过程中，黄金的投资价值和货币属性相互渗透，导致黄金定价机制愈加复杂化。当前以美元为主体的国际货币体系以及黄金的多种属性的特点，决定了黄金与美元之间的对冲关系及对冲效果既受到美元信用的影响也受到美国经济发展状况等方面的影响。事实上，在不同的历史时期，黄金和美元汇率之间的关系并非固定不变，其受到国际货币制度的变迁和黄金不同属性特征的影响。本书从黄金的不同属性以及国际货币体系角度，对黄金与美元之间相互影响的内在作用机理进行了深入研究，为黄金对冲美元汇率风险奠定了理论基础。

2.2.1.1 黄金商品属性角度

相对于货币属性和避险属性，黄金的商品属性是指依托黄金的商品和物理特征，以商品模式进行流通的黄金。黄金的资源量十分稀缺，有着耐氧化、延展性强等出色的物理性质，可以满足人们装饰和收藏等方面的多种需要。随着技术的迅速发展，黄金在工业领域的使用量迅速增加，并在电子、医学、航空等领域被广泛运用。

由于世界黄金价格主要以美元标价，而美元汇率则受到美国货币政策、美国国内经济增长状况以及国际收支等因素的影响，尤其是美国的货币政策对美元汇率有着直接显著的影响，因此，从商品角度而言黄金价格受到美国货币政策的直接影响。依据开放经济浮动汇率制度下 IS－LM－BP 模型，一国增加货币供给的传导机制为：M/P 上升→LM 右移→r 下降→F 上升→E 上升（本币贬值）→NX 增加→IS 右移→BP 曲线右移 Y 增加。这说明货币供给的增加会使得 LM 曲线右移，进而导致利率下降和资本外流上升，大量资本外流会使得本币贬值，本币贬值又会导致出口增加，进而 IS 和 BP 曲线右移，最终会产出增加（见图 2.3）。

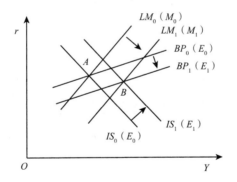

图 2.3　IS－LM－BP 模型

依据 AD－AS 模型增加货币供给对商品价格的影响机理为：M 增加→LM 曲线右移→Y 增加→P 上升。这表明增加货币供给会使得 LM 曲线右移，进而使得产出增加和价格水平上升（见图 2.4）。黄金作为重要的大宗商品，其价格也会因美元货币供给的增加而上涨。综上所述，金融危机期间，美国 QE 政策的实施会导致美元贬值，黄金价格上涨。

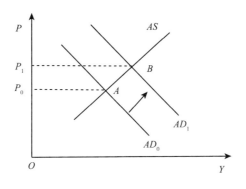

图 2.4　AD－AS 模型

2.2.1.2　黄金货币及避险属性角度

依据流动性偏好理论，居民或企业持有货币的动机分别为：交易性需求、预防性需求和投机性需求。金融危机期间美国经济的衰退和 QE 政策的实施使得美元贬值压力增大，从而使得美元支付能力下降。为了保证未来的有效支付能力，人们会更愿意选择黄金。从预防性动机角度而言，由于黄金不具有国家属性且与宏观经济变量相关程度较低，而美元则受主权国家政策的影响，因此，当美元存在重大金融风险时，出于预防性动机人们会更倾向于持有黄金。从投机动机而言，低利率会使得黄金和美元的持有成本降低，而危机期间美元面临系统性风险，因此人们将会持有更多的黄金。

1. 货币属性方面

黄金货币属性是指作为交易的支付手段充当货币职能。黄金在历史上曾作为货币体系的重要组成部分被人们广泛接受。由于黄金资源的有限性与世界经济发展规模和各国之间的经济交流规模不断增长之间的矛盾难以调和，使得黄金最终退出货币体系（陈伟恕，1982）。然而黄金与货币体系脱离并不是其作为货币的本质特征发生变化，而是黄金产量的不足，这一事实本身并不否认黄金具有货币功能的本质特性；事实上，黄金作为货币的本质，并不受世界政治经济格局演变的影响（蒋铁柱、韩汉君，2001）。即使非货币化之后，黄金依然被各国视为重要的外汇储备资产，具有较强隐性货币的职能。

黄金的非货币化，本质上是信用经济的发展需要新的货币形式或新的信用形式。纸币的内在价值很低，其本身即为信用形式。由于信用货币的交易、计价和结算的优势更为显著，在纸币的信用风险能够被人们接受的时候，人们会选择纸币而不是贵金属（陈炳才，2003）。因此人们在可以承受美元的贬值风险时，会选择美元而不是黄金进行交易结算，这取决于人们在交易支付便利需求和美元贬值预期之间的权衡。

黄金是唯一不必靠国家信用或政府承诺就能变现的资产，其清偿能力突破地域限制和时空阻隔被国际公认和广泛接受，是超越国家主权的非信用货币，具有非常高的流动性。一旦信用货币的信用基础遭到严重怀疑或者信用货币体系可能出现混乱的时候，黄金便成为最后的实物支付和清偿手段（金蕾、年四伍，2011）。作为信用货币的美元，实质是美国政府对公众的负债。作为一种信用货币替代品，当前黄金具有回归其货币属性的趋势，与美元形成完全的竞争关系（杨楠、何皆易，2011）。因此当美国实体经济增长下滑，美元信用下降时，黄金与美元的溢出效应将上升。

此外当今国际货币体系从布雷顿森林体系到牙买加货币体系，形成了多重货币体系。在多重货币体系中，黄金一直充当全部或部分本位币工具，从而形成了黄金与货币的独特关联关系。国际货币需要满足不依赖于某个国家、在世界范围内具有普遍接受性和较高流通性的特点。由于黄金具有的独特性质，天然具有国际货币的职能。美元则是具有鲜明国家属性的信用货币，而这是其作为国际货币的重要缺陷之一。美元永远无法摆脱具有国家属性这一固有缺陷。在可预知的将来，黄金仍然在国际货币体系中充当美元的替代货币，担负着支付清偿手段等重要角色。

2. 黄金避险属性角度

相对于美元，黄金的安全性更高。黄金的化学元素有着极强的稳定性、耐腐蚀性等非常出色的物理特性，因而其作为财富保存的手段有着非常久远的历史。黄金存量的稀缺性和不易开采性等特征决定了其单位体积包含了更多的无差别的人类劳动，即含有更高的价值，其本身直接就是价值体，不是任何人的负债。因而其可以不受任何限制而随意处置，安全性远远超过其他非黄金资产。黄金具有更普遍的可接受性，在战争等非常时期，黄金的流动性远高于其他资产，这一点特别突出（蒋铁柱、韩汉君，2001）。储备资产中的美元、中长期国债等收益率的波动与经济系统中的短期利率和通货膨胀率等宏观经济变量有较强相关性，而黄金的收益波动恰好与短期利率和通货膨胀率等弱相关（高洁、李静，2007）。当经济面临较大负向冲击，美元贬值风险增加，国债、股票等收益率下降时，增加黄金的资产配置将有效对冲资产贬值风险，增强资产的安全性。

作为一种重要的战略资源，保持充足的黄金储备，有助于维护国家金融系统的稳定运行。作为国际主要储备货币的美元，存在内在价值的不稳定难题。黄金是各国央行可使用的最后支付手段，在国家信用出现问题时，黄金能够起到维护国家安全的作用，这促使黄金依然发挥国际储备功能。黄金作为一国实力的象征和信心的保证，虽然各国央行在黄金非货币化之后储备的黄金有所下降，但目前储备总量仍占世界黄金已开采总量的 1/5 左右，保持在 3 万余吨的水平。

2.2.2 非黄金对冲

2.2.2.1 外汇期货

外汇期货又被称作货币期货，是按照约定汇率在交割日将一种货币交换成另外一种货币的标准化期货合约。银行、进出口企业等外汇持有者为了应对外汇波动导致的风险损失，可以采用外汇期货进行套期保值。具体操作方式为在外汇现货市场买进或者卖出外汇的同时，在外汇期货市场卖出或者买入数额相等的外汇期货合约。通过这种外汇现货与期货的反向操作，即可对冲掉外汇波动引致的风险损失。依据防范外汇风险的目的不同，可以将外汇期货的套期保值方式划分成买入套期保值与卖出套期保值。当企业在现货市场是空头时，可以在外汇期货市场卖出期货合约，从而对冲掉汇率上升导致的风险。反之，当企业在现货市场是多头时，可以在外汇期货市场买入期货合约，从而对冲掉汇率下降导致的风险。企业可以采用外汇期货交易以较低成本获得较高的保值效果，但同时需要放弃因汇率有利变动而产生的收益。

2.2.2.2　外汇期权

外汇期权又被称作货币期权，是期权购买方通过向期权出售方给付一定数额的费用，从而获得将来在约定日期，按照协议规定的汇率及数额，向期权出售方买入或卖出约定外汇的权利。当然期权的买方也被赋予不执行期权合约的权利。外汇期权本质上是买卖的一种权利，是其他外汇套期保值方法的进一步发展和有益补充。它有较高的灵活性，在为企业提供锁定利率套期保值的同时，还提供了在汇率向有利于企业变动时，企业从中获利的机会。

外汇期权可分为买入期权和卖出期权，期权的交易价格即是事先约定的汇率。由于期权受到的影响因素复杂而多样，因此采用外汇期权套期保值时，需要专业性金融人才在全面考虑市场变化情况、综合权衡风险和收益后做出决策。此外期权交易策略和时机的选择也会对期权对冲外汇风险效果产生直接影响。

2.2.2.3　远期外汇

远期外汇是外汇的买卖交易双方对外汇交易的货币种类、数量、汇率以及交割日期以合约形式固定下来，并在约定的日期履行合约，进行实际的交割结算。投资者对外进行投资时（如购买美国国债），在现汇市场买入外汇的同时卖出相应数额的远期外汇。这样只要投资收益的波动幅度小于汇率波动幅度时，投资者的汇率风险就可以消除。商业银行也可以通过远期外汇平衡外汇头寸。例如，某商业银行出售了一笔远期美元，如果远期美元升值，则该银行承担了升值带来的风险。因此该银行则会在出售远期美元的同时，在现汇市场买入相应数额的美元，从而消除美元升值导致的风险损失。

远期外汇没有标准化的合约格式因而具有较大灵活性，同时由于其合约内容不固定而流动性较差。远期外汇不需要在固定的交易所场内交易，没有额外费用支出，成本投入较低。不同于期货交易可以采用对冲的方式抵消最终的实物交割，只要外汇远期合约协议达成，即使汇率变动使得其中一方受损，买卖双方也都要履行合约。

2.2.2.4 货币互换

货币互换又可称为货币掉期，是指交易双方约定两笔数额、期限、利率计算方法相同，但货币不同的资金调换。通过将以外币表示的资产或负债调整为以本币表示的资产或负债，达到对冲外汇风险的目的。一般情况下货币互换有较长的交易期限，更适合中长期外汇风险管理。

一般而言货币互换包括三个步骤：开始时点本金的互换、中间时刻利率的互换、终止日期本金再次互换。货币互换交易双方只是货币的互换，并不改变它们各自的债权债务关系。货币互换作为一项表外业务，它可以在不影响资产负债表的情况下达到套期保值的目的，是一种常用的保值工具。

2.3 对冲效果的测度

风险对冲交易的基本思想为采用资产组合的方式，将资金在不同资产间进行配置，进而达到降低甚至消除资产价格波动带来的负面影响。因此风险对冲交易是建立在投资组合理论之上，应用于实际资产管理中的一种投资策略。对冲效果的测度主要包括变量间相互关系的度量，最优对冲权重的计算和对冲效果的度量方法。一般情况下变量间的负相关程度越高，则越有较强的对冲能力。最优对冲权重的计算可以分为动态和静态对冲权重的测算，由于本书侧重研究较长时期内美元风险的对冲，因而重点介绍静态最优对冲权重的方法。衡量对冲效果的方法主要分为收益和风险两方面，本书重点研究的为对冲美元的风险，因此侧重介绍了风险的度量方法。

2.3.1 相互关系度量方法

金融危机的频繁爆发和金融市场的持续动荡，促使众多学者和机构对金融市场及金融变量间的相互关系进行深入研究，试图寻找对冲金融系统性风险的金融变量。相关性度量方法主要包括协方差、相关系数和 Copula 相依系数。近年来 Copula 函数以其出色的数学性质和精确的测度结果最具代表性。当两种资产的相互关系为负值时，表明资产收益率变动方向相反，即当其中一种资产出现较高期望收益率时，与之负相关的另一资产将出现较低的期望收益率。在资产间负相关的情况下，可以通过直接购买负相关的资产实现对冲交易。当两种资产间的相关关系为正值时，其中一种资产出现高期望收益率与之相关的另一资产也会出现较高的期望收益率。在资产间正相关的情况下可以通过卖空的方式实现对冲交易，即买入一种资产的同时卖出与之存在正相关的另一种资产。

2.3.1.1 协方差

协方差可以测度两种（或多种）资产期望收益率之间的相互关联程度。如果资产变量间的协方差值大于零，则说明资产收益率变动方向相同；如果资产变量间的协方差小于零，则说明资产收益率变动方向相反。当协方差值较小或等于零时，表明资产收益率间的相互关系很低或者不存在。一般情况下协方差表示的正负相关程度越大，则变量间的对冲能力越高。协方差的定义公式如式（2.1）。依据该定义式可知，协方差没有消除量纲的影响，因而无法将不同量纲的协方差进行比较，判断相关程度的大小。

$$\mathrm{Cov}(x,y) = \left[(x - E(x))(y - E(y)) \right] \qquad (2.1)$$

2.3.1.2 相关系数

相关系数是与协方差联系紧密的指标，是对协方差的修正和完善，不同变量间的相关系数可以直接进行对比。相关系数的取值区间为 [−1,1]，当完全负相关时取值为 −1，完全正相关取值为 1，当相关系数为 0 时，则表明两变量之间不存在线性关系。一般情况下相关系数的绝对值越接近于 1，则变量间的对冲能力越高。

依据式（2.2）所定义的总体相关系数，总体相关系数刻画了两变量总体之间线性相关程度的大小，其计算值为常数。

$$\gamma = \frac{\mathrm{Cov}(X,Y)}{\sqrt{\mathrm{Var}(X)\mathrm{Var}(Y)}} \tag{2.2}$$

样本数据的相关系数定义为：

$$\rho_{ij} = \frac{\sum (x_t - \bar{x})(y_t - \bar{y})}{\sqrt{\sum (x_t - \bar{x})^2 \sum (y_t - \bar{y})^2}} \tag{2.3}$$

其中，ρ_{ij} 为资产 i 和资产 j 收益率之间的样本数据相关系数，$\bar{x}$ 和 $\bar{y}$ 分别为随机变量 x 和 y 的样本均值。样本相关系数随样本数据的变化而改变，即根据不同样本数据计算的样本相关系数会有差异。可以证明样本相关系数为总体相关系数的一致估计量。现实中总体相关系数往往无法得到，两个或多个变量之间的相关程度一般用样本相关系数估计得到。

根据以上定义相关系数和协方差之间存在相互转换关系，两个随机变量间的协方差等于这两个随机变量之间的相关系数乘以它们各自的标准差之积，即

$$\sigma_{ij} = \rho_{ij}\sigma_i\sigma_j \tag{2.4}$$

2.3.1.3 Copula 相依系数

金融资产中存在着大量非线性关系，而传统的协方差、相关系数等线性

相关性度量方法则对此无能为力。同时随机变量间的相关结构无法通过线性相关系数全面刻画，这使得金融资产的相依结构一直无法得到全面地描述。考虑到以上种种问题，需要使用一种新的方法来研究金融资产间的相依结构。Copula 理论的提出和广泛应用将金融风险分析和多变量相依结构分析推向了一个新阶段，尤其在金融风险度量方法方面取得新的突破。这主要体现在 Copula 函数可测度非椭圆分布，即有极端事件的尾部分布风险，而且 Copula 函数可精确反映多变量时间序列内部相依结构问题。一般情况下 Copula 相依系数的绝对值越接近于 1，则变量间的对冲能力越高。

1. Copula 函数相依性度量基本理论

Copula 最早在 1956 年由 Sklar 提出，这为 Copula 的发展应用建立了理论基础。下面给出 Copula 函数定理，见式（2.5）。

对于一个具有一元边缘分布的联合分布函数 $F(x_1, \cdots, x_n, \cdots, x_N)$，必然存在一个 Copula 函数 C，使得

$$F(x_1, \cdots, x_n, \cdots, x_N) = C(F_1(x_1), \cdots, F_n(x_n), \cdots, F_N(x_N)) \qquad (2.5)$$

函数 C 是否唯一确定取决于边缘分布函数 $F_1, \cdots, F_N$ 是否连续。如果函数 $F_1, \cdots, F_N$ 连续，则 Copula 函数 C 可以唯一确定，否则函数 C 仍然存在但不唯一。反之，如果 C 是 n 维 Copula，$F_1, \cdots, F_N$ 为边缘分布函数，则式（2.5）定义的 F 是 n 维分布函数。

根据斯克拉（Sklar）定理，一个多元连续分布函数，可以分解为边缘分布与 Copula 连接函数两部分，因此我们可以得到如下推论。

令 $u_n = F_n(x_n)$，$n = 1, \cdots, N$，则 $u_n \in (0,1)$，那么 Copula 函数 C 可以写成分布函数 F 的形式。

$$C_F(u_1, \cdots, u_N) = F(F_1^{-1}(u_1), \cdots, F_N^{-1}(u_N)), \forall (u_1, \cdots, u_N) \in (0,1)^N$$

$$(2.6)$$

其中，F_i^{-1} 是 F_i 的分位数函数，$F_i^{-1}(p) = \inf\{x \mid F_i(x) \geqslant p\}$，$p \in (0,1)$，$i = 1, \cdots, N$。

依据该推论则可以在已知边缘分布和联合分布的情况下，求得 Copula 连接函数 C。设连续随机变量向量 $(X_1, \cdots, X_n)^T$ 的 Copula 函数为 C。如果 $\alpha_1, \cdots, \alpha_n$ 分别为 $X_1, \cdots, X_n$ 的严格增函数，则 $(\alpha_1(X_1), \cdots, \alpha_n(X_n))^T$ 的 Copula 函数也为 C。这说明对随机变量做任意单调增变换，Copula 函数不变。因此通过 Copula 函数求联合分布时更具灵活性，可以分别选择边缘分布和连接函数的形式。

根据上述 Copula 连接函数，随机变量间的相关系数可以做出如下定义。

设 $(X, Y)^T$，$(\bar{X}, \bar{Y})^T$ 是独立同分布的向量，则 Kendall 的 τ 可以定义为式（2.7）。

$$\tau(X, Y) = P\{(X - \bar{X})(Y - \bar{Y}) > 0\} - P\{(X - \bar{X})(Y - \bar{Y})) < 0\} \quad (2.7)$$

$(X, Y)^T$ 是 Copula 函数为 C 的连续随机变量，则 $(X, Y)^T$ 的 Kendall τ 为式（2.8）。

$$\tau(X, Y) = Q(C, C) = 4 \iint_{[0,1]^2} C(u, v) \, \mathrm{d}C(u, v) - 1 = 4E(C(U, V)) - 1$$

$$(2.8)$$

设连续随机向量 $(X, Y)^T$ 边缘分布函数分别为 F，G，则 $(X, Y)^T$ 的上尾部相关系数为式（2.9）。

$$\lim_{u \to 1^-} P\{Y > G^{-1}(u) \mid X > F^{-1}(u)\} = \lambda_U \quad (2.9)$$

如果 $\lambda_U \in (0, 1]$，则 X，Y 为上尾部相关；如果 $\lambda_U = 0$，则 X，Y 为上尾部独立。

$$\lim_{u \to 0^+} P\{Y < G^{-1}(u) \mid X < F^{-1}(u)\} = \lambda_l \quad (2.10)$$

如果式（2.10）中 $\lambda_l \in (0, 1]$，则 X，Y 为下尾部相关；如果 $\lambda_l = 0$，则 X，Y 为下尾部独立。可以证明尾部相关系数可以写成 Copula 函数形式，有二元 Copula 函数 C 使得式（2.11）存在，则如果 $\lambda_U \in (0, 1]$，X，Y 称为上

尾相关；如果 $\lambda_U = 0$，X，Y 称为上尾独立；二元 Copula 函数 C，$\lim\limits_{u \to 0^+} C(u, u)/u = \lambda_L$ 存在，如果 $\lambda_L \in (0, 1]$，X，Y 称为下尾相关；如果 $\lambda_L = 0$，X，Y 称为下尾独立。

$$\lim_{u \to 1^-}(1 - 2u + C(u, u))/1 - u = \lambda_U \qquad (2.11)$$

由 Copula 函数的定理可知，在实际应用方面 Copula 函数有许多突出优点。其中重要一点为在建立金融模型时，采用 Copula 理论可以将随机变量的边缘分布与它们之间的相依结构分别进行研究，而边缘分布的选择不受分布形态和相依结构的限制。同时如果对变量做单调增变换，由 Copula 函数计算得出的一致性和相依性测度值不受影响。因此 Copula 理论可以用于投资组合风险、非线性相关以及一些极端事件风险问题的研究。通过采用 Copula 理论建立的金融时间序列模型更实用、更有效，可以广泛应用于金融资产定价、风险管理、信用衍生品的定价和多变量金融时间序列相依结构分析等方面。

2. 几种常用的 Copula 相依性度量函数

常用的测度相依结构 Copula 函数为 Gaussian-Copula、t-Copula、Clayton-Copula 和 SJC-Copula 分别定义为：

$$C^N(u, v, \rho) = \Phi(\phi^{-1}(u), \phi^{-1}(v)) \qquad (2.12)$$

Gaussian-Copula 函数式（2.12）中 Φ 为双变量标准正态累积概率分布函数，ρ 为变量 X 和 Y 的相关系数，$\phi^{-1}(u)$、$\phi^{-1}(v)$ 为标准正态分位数函数。Gaussian-Copula 尾部相依性为 0，即 $\lambda_L = \lambda_U = 0$，因此 Gaussian-Copula 可以测度平均意义上的对冲关系。

$$C^t(u, v; \rho, v^c) = F(t_{v^c}^{-1}(u), t_{v^c}^{-1}(v)) \qquad (2.13)$$

在 t-Copula 函数中 F 是自由度为 v^c 且相关系数为 ρ 的双变量累积分布函数。$t_{v^c}^{-1}(u)$ 和 $t_{v^c}^{-1}(v)$ 为自由度为 v^c 单变量 t 分布的分位数函数。t-Copula 最为重要的一点是对称的非零尾部分布，同时出现极大值和极小值的概率相同。其定义为 $\lambda_U = \lambda_L = 2t_{v+1}(-\sqrt{v+1}\sqrt{1-\rho}/\sqrt{1+\rho}) > 0$，其中 $t_{v+1}(\cdot)$ 是自由

度为 $v+1$ 的 t 分布累积分布函数，ρ 为变量 X 与 Y 的线性相关系数。因此 t-Copula 可以同时测度平均意义上的极端尾部风险的对冲关系。

有时人们更关注下跌风险，Clayton-Copula 是非对称相依系数，其主要测度下尾部相依性，其定义为式（2.14），当 $\lambda_L = 2^{-1/\alpha}$ 时，$\lambda^U = 0$。因此 Clay-ton-Copula 可以测度下尾部风险的对冲关系，其公式为：

$$C^{Cl}(u_1, u_2; \theta) = \max\left\{ \left(u_1^{-\theta} + u_2^{-\theta} - 1 \right)^{-\frac{1}{\theta}}, 0 \right\} \qquad (2.14)$$

对称尾部相依性表明在极端上涨和极端下跌市场条件下的尾部相依性变化幅度相同。然而这可能与现实情况有一定差距。一般情况下，在熊市的时候市场倾向于同时下跌，而在牛市的时候市场则同时上涨，但是其下跌或上涨的幅度可能并不相同。因此我们有必要进一步考虑下尾部与上尾部不对称的相依结构模型。SJC-Copula 同时考虑了变量间的下尾部相依性和上尾部相依性，并且其可以测度出相依结构是否对称。因此 SJC-Copula 可以测度上尾部风险和下尾部风险的对冲关系，其公式为：

$$
\begin{aligned}
C^{SJC} &= (u, v; \lambda_U, \lambda_L) \\
&= 0.5\left(C^{JC}(u, v; \lambda_U, \lambda_L) + C^{JC}(1-u, 1-v; \lambda_U, \lambda_L) + u + v - 1 \right) \quad (2.15)
\end{aligned}
$$

其中，$C^{JC}(u, v; \lambda_U, \lambda_L)$ 为 SJC-Copula，其定义为：

$$
\begin{aligned}
C^{JC}(u, v; \lambda_U, \lambda_L) &= 1 - \left(1 - \left\{ \left[1 - (1-u)^{\kappa} \right]^{-\gamma} \right. \right. \\
&\quad \left. \left. + \left[1 - (1-v)^{\kappa} \right]^{-\gamma} - 1 \right\}^{-1/\gamma} \right)^{1/\kappa} \quad (2.16)
\end{aligned}
$$

其中，$\kappa = 1/\log_2(2 - \lambda_U)$ 和 $\gamma = -1/\log_2(\lambda_L)$，并且 $\lambda_U(v) \in (0, 1)$，$\lambda_L(v) \in (0, 1)$。该 Copula 函数中，尾部相依系数分别为各自 Copula 函数的参数，如果 $\lambda_U^{SJC} = \lambda_L^{SJC}$，则相依结构是对称的，否则相依结构不对称。

2.3.2　对冲权重计算方法

采用风险对冲策略进行风险管理的重点在于确定最优对冲比率，该对冲比率直接影响到对冲的成本和效果。对冲比率的计算基于资产组合理论，其中最具开创意义的是马克维茨的"均值—方差"模型。马克维茨发表于 1952 年的《资产选择》是采用均值—方差进行分析的开拓性论文,奠定了均值—方差分析的理论基础(Markowitz,1952)。马克维茨认为,投资决策的基本原则应是投资者预期效用最大化,而预期效用最大化包括预期收益最大和预期风险最小两方面,这有别于之前西方经济学界公认的投资决策的基本原则——预期收益极大化。由于马克维茨认为测量风险的最佳尺度是预期收益的方差,所以他将资产选择的基本原则称为"预期收益—收益的方差"规律(简称 E-V 规律)。其模型的假设如下:首先,投资者是风险厌恶者,其在承担风险的同时要求得到相应的收益补偿;其次,投资者将均值作为衡量期望收益的标准,将方差作为衡量风险的标准,其依据均值—方差分析方法进行决策;最后,市场无摩擦而且信息是完全有效的,满足预期齐性假设,投资者进行单期投资决策。

2.3.2.1 最优对冲权重

依据马克维茨模型,首先讨论两种资产投资组合的风险与回报的情形。设有两种金融资产 A 与资产 B 构成的投资组合 p,资产 i 的预期回报率为 $E(r_i)$,风险为 σ_i^2,那么投资组合 p 的收益和风险分别为:

$$E(r_p) = w_A E(r_A) + w_B E(r_B) \tag{2.17}$$

$$\sigma_p = w_A^2 \sigma_A^2 + w_B^2 \sigma_B^2 + 2 w_A w_B \sigma_{AB} \tag{2.18}$$

其中,$E(\cdot)$ 表示期望,σ_{AB} 表示资产 A 与资产 B 的协方差,其又可以表示为如下形式:

$$\sigma_{AB} = \rho_{AB} \sigma_A \sigma_B \tag{2.19}$$

其中,ρ_{AB} 为资产 A 与资产 B 的相关系数。当 $\rho_{AB} = 1$ 时,两种资产完全正相关,投资组合的风险为 σ_A 与 σ_B 的线性和;当 $\rho_{AB} < 0$ 时,两种资产负相关,此时投资组合风险小于两种资产各自风险的线性和。

对于多种资产的情形则有:

$$E(r_p) = \sum_{i=1}^{n} w_i E(r_i) \qquad (2.20)$$

$$\sigma_p^2 = \sum_{i=1}^{n} \sum_{j=1}^{n} w_i w_j \sigma_{ij} \qquad (2.21)$$

其中，$w = (w_1, w_2, \cdots, w_n)^T$ 是投资组合的权重向量。

投资组合对冲的基本思想为通过选择不同投资组合，达到收益最大化与风险最小化。因此，可以从两个角度考虑问题：角度一，预期收益一定情况下的风险最小；角度二，给定风险情况下的收益最大。由以上分析，可以构造以权重 w_i 为变量，$E(r_p)$ 与 σ_p 为参数，给定 $E(r_p)$ 的数学规划模型（也可以给定 σ_p）如下：

$$\min \sigma_p^2 = \sum_{i=1}^{n} \sum_{j=1}^{n} w_i w_j \sigma_{ij}$$

$$\text{s. t.} \begin{cases} E(r_p) = \sum_{i=1}^{n} w_i E(r_i) \\ \sum_{i=1}^{n} = 1 \end{cases} \qquad (2.22)$$

或

$$\max \sum_{i=1}^{n} w_i E(r_i) = E(r_p)$$

$$\text{s. t.} \begin{cases} \sigma_p^2 = \sum_{i=1}^{n} \sum_{j=1}^{n} w_i w_j \sigma_{ij} \\ \sum_{i=1}^{n} = 1 \end{cases} \qquad (2.23)$$

对于式（2.22）的优化问题，可以通过构造拉格朗日（Lagrange）函数式（2.24）方法得到最优解。求解方程组（2.25）便得到了最优投资组合对冲方案，即最优的资产组合权重。

$$L(w, \lambda_1, \lambda_2) = \sigma_p + \lambda_1 \left[\sum_{i=1}^{n} w_i E(r_i) - E(r_p) \right] + \lambda_2 \left(\sum_{i=1}^{n} w_i - 1 \right)$$

$$(2.24)$$

$$
\begin{cases}
\dfrac{\partial L}{\partial w_i} = 2w_i\sigma_i^2 + 2\displaystyle\sum_{j=1,j\neq i}^{n} w_i\sigma_{ij} + \lambda_1 E(r_i) + \lambda_2 = 0 \\[4mm]
\dfrac{\partial L}{\partial \lambda_1} = \displaystyle\sum_{i=1}^{n} w_i E(r_i) - E(r_p) = 0 \\[4mm]
\dfrac{\partial L}{\partial \lambda_2} = \displaystyle\sum_{i=1}^{n} w_i - 1 = 0
\end{cases}
\tag{2.25}
$$

根据最优化目标函数的不同还有最大效用函数、最小 VaR、最小 CVaR、最小尾部期望损失（TCE）等。

2.3.2.2 不同权重下收益与风险度量

在最优投资组合方案 w 求解基础上，进一步计算给定收益与风险之间的关系，便得到了投资组合前沿。在资产给定前提下，则选定一个权重向量 w 就对应一组投资组合。对于 n 种资产的投资组合，如果每个资产的收益和方差都给定，那么给定一组权重 $w = (w_1, w_2, \cdots, w_n)$，则有与之对应的在均值 $E(r_p)$ 和标准差 σ_p 坐标系中的一个点，如图 2.5 所示。曲线 AMB 为投资组合的前沿，曲线上半部分 MB 段即投资组合的有效前沿，也称之为马克维茨投资组合有效前沿。

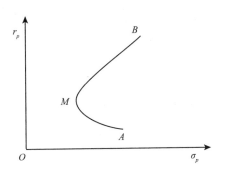

图 2.5　投资组合有效前沿

马克维茨提出的均值—方差投资组合优化模型对金融理论的发展产生了重要影响。然而投资者采用均值—方差模型进行投资组合最优化的假设很多时候是不成立的，因为投资者往往并不清楚均值、方差和协方差等前提假设的参数（Karagiannidis and Vozlyublennaia，2016）。费尔德斯坦（Feldstein M.，1969）指出均值—方差模型只有在变量都为正态分布的情况下，才可能得到投资组合的分布为均值和方差两个参数的分布，从而满足均值—方差效用函数。然而正态分布假设条件太苛刻，近年来大量研究表明金融资产收益率分布通常具有"尖峰厚尾"的特点，并不满足正态分布的假设。在非正态分布情况下，多个资产组合的分布情况不确定。Copula 函数则可以将多个不同分布函数连接在一起，得到多元概率分布函数。因此，其可以有效弥补均值—方差模型在多个资产组合时的正态分布假设的缺陷。

2.3.3 对冲效果度量方法

组合对冲的效果主要体现在对冲结果是否有效降低了风险，同时资产组合对冲的效果往往取决于是否恰当选择了风险度量指标。因此，科学准确地测度金融时间序列的风险是进行有效对冲的重要前提与基础。风险度量方法主要分为双边风险度量和下行风险度量。以标准差为代表的双边风险度量方法将收益的一面（上偏离）以及损失的一面均视为风险，方法主要包括方差、平均绝对离差、基尼均差。然而实际上投资者通常仅将损失的一面视为风险，而不将收益的一面看作风险。由于投资者往往只将损失视为风险，因此许多学者提出了下行风险度量指标，主要包括半方差、半离差、下偏位矩、VaR、CVaR、TCE 等下行风险度量指标。

2.3.3.1 方差

方差或标准差是衡量资产收益波动程度的重要指标之一，在金融产品定价以及风险管理中均处于重要地位。马克维茨在 1952 年发表的《资产选择》一文中，提出采用方差衡量投资组合的风险。

假设随机变量 X 为投资组合 $i = (1, 2, \cdots, n)$ 的随机收益率，那么 X 的方差反映了投资组合收益率对其期望收益 $\mu_x = E(X)$ 的偏离程度，其定义为：

$$\sigma_X^2 = \mathrm{Var}(X) = E(X - \mu_x)^2 = \sum_{i=1}^{n} \sum_{j=1}^{n} w_i w_j \sigma_{ij} \qquad (2.26)$$

其中，w_i 为资产 i 的投资权重，$i = 1, 2, \cdots, n$；σ_{ij} 为资产 i 的收益 X_i 与资产 j 的收益 X_j 的协方差，即 $\sigma_{ij} = \mathrm{Cov}(X_i, X_j)$，$i = 1, 2, \cdots, n$，$j = 1, 2, \cdots, n$。标准差为 $\sigma_X = \sqrt{\mathrm{Var}(X)}$。方差或标准差的值越大则说明投资组合波动程度越大，即投资组合的风险越高。

2.3.3.2 平均绝对离差（MAD）

由于金融时间序列存在尖峰厚尾现象，夏普（Sharpe，1971）采用平均绝对离差代替标准差以减轻异常值在投资组合分析中的影响。康诺和山崎（Konno and Yamazaki，1991）构建了以平均绝对离差为风险度量的投资组合优化模型，并认为该模型优于马克维茨的均值—方差模型。

平均绝对离差与标准差类似，测度的是资产或者组合的收益率的各种可能结果对其期望收益的偏离程度，其定义式如式（2.27）所示。

$$\delta_X = E \left| \sum_{i=1}^{n} \omega_i X_i - E \left(\sum_{i=1}^{n} \omega_i X_i \right) \right| = E \mid X - \mu_X \mid \qquad (2.27)$$

依据式（2.27）平均绝对离差测度的是投资组合的总风险。相对于标准差而言，平均绝对离差减小了异常值的影响，因而数值波动幅度较小。然而平均绝对离差对相对于平均值的每一单位偏离都赋予相同的权重，未区分不同风险水平的大小对投资者效用的不同，即赋予不同的风险水平相同的权重。因此对于风险规避倾向高的投资者而言，不适合用平均绝对离差作为风险的衡量标准。

2.3.3.3 基尼均差

伊扎基（Yitzhaki，1982）提出由基尼均差（Gini's mean difference）代替

马克维茨模型中的标准差，从而得出基尼均差模型，并证明该模型得到的最优投资组合是二阶随机占优有效的，解决了均值—方差模型得到的最优投资组合未必是二阶随机占优有效的问题。

设 $F_X(x) = P\{X \leqslant x\}$ 和 $f_X(x)$ 分别代表随机变量 X 的分布函数和密度函数，$F_X(x)$ 的定义域为 $[a,b]$，且 $F_X(a) = 0$，$F_X(b) = 1$。则 $F_X(x)$ 的基尼均差定义域为：

$$\Gamma_{F_X} = \int_a^b \int_a^b \mid \xi - \eta \mid f_X(\xi) f_X(\eta) \, \mathrm{d}\xi \mathrm{d}\eta \qquad (2.28)$$

由式（2.28）可知基尼均差是对所有观测值的离差绝对值的加权平均，反映了全部数据的离散程度。

2.3.3.4　半方差

马科维茨（Markowitz，1959）认为应该只将损失视为风险，据此提出半方差作为下行风险的度量标准。半方差不考虑高于预期值的情况，而只测度低于预期值部分的收益率方差，计算公式为式（2.29），其中 μ_X 表示 X 的数学期望。

$$\bar{\sigma}_X^2 = E(\max(\mu_X - X, 0))^2 = \int_{-\infty}^{\mu_X} (\mu_X - \zeta)^2 f_X(\zeta) \, \mathrm{d}\zeta \qquad (2.29)$$

尽管半方差可以度量下行风险，但它不具有良好的统计性质。当组合投资权重变动而得到新的组合时，由于均值因权重变化而发生改变，原组合为负偏差（正偏差）的观测值，在新投资组合中可能成为正偏差（负偏差）。由此可见投资组合半方差的观测集是组合权重的函数。为了避免因权重变化而出现半方差变动影响，应该将有偏差正负变化的观测值加入或剔除出新组合半方差计算过程。因而相比投资组合的方差而言，半方差的计算更烦琐。

2.3.3.5　绝对半离差

通过对小于投资组合期望值的数据求数学期望，斯佩兰萨（Speranza，

1993）提出绝对半离差（absolute semideviation），其为下行风险测度方法。
定义如下：

$$\bar{\sigma}_X = E[\max(\mu_x - X, 0)] = \int_{-\infty}^{\mu_X} (\mu_X - \zeta) f_X(\zeta) d\zeta \qquad (2.30)$$

可以证明：

$$\bar{\delta}_X = \frac{1}{2} \delta_X \qquad (2.31)$$

实际上

$$E[\max(\mu_X - X, 0)] = E\left\{ \frac{\mu_X - X + |\mu_X - X|}{2} \right\} = \frac{1}{2} E|\mu_X - X| = \frac{1}{2} \delta_X$$

$$(2.32)$$

由此证明式（2.31）成立。

奥格尔扎克和儒兹伊柯基（Ogryczak and Ruszczyński，2001）在绝对半离差基础上进一步推广，得到 k 阶中心半离差（central semideviation）：

$$\bar{\delta}_X^\kappa = \left\{ E[(\mu_X - X)^\kappa \, \amalg_{X \le \mu_X}] \right\}^{\frac{1}{\kappa}} = \left[\int_{-\infty}^{\mu_X} (\mu_X - \zeta)^\kappa f_x(\zeta) d\zeta \right]^{\frac{1}{\kappa}} \quad (2.33)$$

这里 $\amalg_{X \le \mu_X}$ 为显示性函数，当 $X \le \mu_X$ 时，$\amalg_{X \le \mu_X} = 1$；当 $X > \mu_x$ 时，$\amalg_{X \le \mu_X} = 0$。显然，随着阶数的增加，k 阶中心半离差的计算越发显得复杂。

2.3.3.6　下偏位矩（LPM）

巴瓦（Bawa，1975）提出了用下偏位矩来度量风险。哈洛和拉奥（Harlow and Rao，1989）建立了基于 LPM 为风险度量的投资组合优化模型。然而此类模型在确定阶数上存在争议，而且求解较为困难。汪贵浦、王明涛（2003）通过变换，将下偏位矩的投资组合优化模型转化为二次规划，从而求得了最优解。

假设目标收益率为 μ_X，则 $k(\ge 0)$ 阶 LPM 定义如式（2.34）所示，其中，

$f_X(\zeta)$ 为 X 的概率密度函数，k 为阶数，其取值可以是非负整数，也可以是正的分数。当 $k \geq 2$ 时，k 阶 LPM 的标准化形式为：$(\rho_X(k,\mu_X))^{1/k}$。由式 (2.34) 可知，计算 LPM 时，首先需要确定目标收益率 τ 和阶数 k。

$$\rho_X(k,\mu_X) = E\{[\max(\mu_X - X,0)]^k\} = \int_{-\infty}^{\mu_X} (\mu_X - \zeta)^k f_X(\zeta)\mathrm{d}\zeta \qquad (2.34)$$

2.3.3.7 在险价值（VaR）

金融风险度量指标 VaR（value at risk）中文的含义为在险价值，是指在市场状况不变情况下，在给定置信水平和持有期内，可能发生的最大损失。根据定义，度量 VaR 的两个重要因素是持有的时期长度与置信水平的大小。置信水平大小的确定有赖于机构内部的监管要求、VaR 事后检验的需要以及在不同机构间进行比较的需要。较高的置信水平意味着较高的 VaR 值。在置信水平 $(1-\alpha)$ 下，VaR 本质上是随机变量 X 分布函数上的 α 分位点，即

$$P\{X \geq \mathrm{VaR}_\alpha(X)\} = \alpha \qquad (2.35)$$

如果是连续函数则可以表示为：

$$\mathrm{VaR}_\alpha(X) = F_X^{-1}(\alpha) \qquad (2.36)$$

如果是离散函数则可以表示为：

$$\mathrm{VaR}_\alpha(X) = \min\{x | F_X(x) \geq \alpha\} \qquad (2.37)$$

VaR 也用于度量组合的下行风险，但其功能绝不仅仅局限于风险度量，而是成了风险管理的新标准。VaR 具有明确的经济含义和易操作性，已成为金融风险分析、测度与防范重的重要工具，成为金融机构进行风险管理的一种主流方法。目前许多金融机构、监管机构以及资产管理公司均采用 VaR 方法披露信息、控制风险以及管理风险。

2.3.3.8 条件风险价值（CVaR）

根据 VaR 定义可知其并未提供超过 VaR 值损失的信息，并且 VaR 一般不

具有子可加性。因此，许多学者为了弥补 VaR 的缺陷，提出了其他风险度量指标。作为一种改进，洛克拉斐尔和乌利亚舍夫（Rockafellar and Uryasev，2000）在 VaR 方法基础上，提出了 CVaR 风险度量。$\text{CVaR}_\alpha(X)$ 满足子可加性和凸性，属于一致风险度量，其定义如下：

$$\text{CVaR}_\alpha(X) = \inf\left\{\frac{1}{\alpha}E(X-s) \mid s \in R\right\} \tag{2.38}$$

此外，许多学者提出了与 CVaR 类似或等价的指标，例如，类似的指标有尾部条件期望（TCE）、最差条件期望（WCE）、条件期望损失（ES）等。这些指标虽然定义上有一定差异，但是当满足一定条件时则相互等价。

阿尔茨纳等（Artzner et al.，1999）提出了新的风险度量指标称为尾部条件期望（TCE），其表达形式如式（2.39）所示，其中，α 为显著性水平。

$$\text{TCE}_\alpha(X) = -E(X \mid X \leqslant -\text{VaR}_\alpha(X)) \tag{2.39}$$

由定义式可知，$\text{TCE}_\alpha(X)$ 测度的是大于 VaR 值的期望损失。如果随机变量 X 的分布函数是连续的，则 $\text{TCE}_\alpha(X) = \text{CVaR}_\alpha(X)$。然而一般情下 $\text{TCE}_\alpha(X)$ 却不满足子可加性。

由于 $\text{TCE}_\alpha(X)$ 的子可加性通常不能满足，阿尔茨纳等（Artzner et al.，1999）提出了另一种风险度量指标，称为最差条件期望（WCE），定义为式（2.40）。

$$\text{WCE}_\alpha(X) = -\inf\{E(X \mid F) \mid F \in F, P(F) > \alpha\} \tag{2.40}$$

$\text{WCE}_\alpha(X)$ 满足子可加性，是一致风险度量指标。然而根据式（2.40）的定义可知，$\text{WCE}_\alpha(X)$ 不仅依赖于 X 的分布，而且还依赖于概率空间结构，应用起来有相当难度，因此该风险度量只具有理论价值。

阿克比和塔什（Acerbi and Tasche，2002）提出了条件期望损失（ES），该指标与 CVaR 等价。

$$\text{ES}_\alpha(X) = -\left(\frac{1}{\alpha}E[X\,\mathbb{I}_{X \leqslant q_\alpha(X)}] + q_x(X)\{\alpha - P[X \leqslant q_\alpha(X)]\}\right) \tag{2.41}$$

其中，$\mathbb{I}_{x \leqslant q_\alpha(X)}$ 代表示性函数。

2.4　本章小结

本章从理论机理及对冲方法系统梳理了黄金对冲美元汇率的相关理论与方法，主要内容如下：

第一，梳理并归纳美国 QE 政策背景及内容。美国 QE 货币政策是在美国经济出现严重衰退，财政政策和传统货币政策失效的情况付诸实施。金融危机期间，美国实施了四次 QE 政策，各阶段因经济状况不同而政策内容有所差异。

第二，梳理并阐述了对冲美元汇率风险的方案。首先，从黄金的不同属性及国际货币体系角度分析了黄金作为美元对冲和避险资产的机理。商品属性和其广泛的用途是黄金作为对冲资产的物质基础。黄金和美元汇率的对冲关系主要受到黄金货币属性和避险属性的影响，根本原因是美元作为信用货币无法克服国家属性，而黄金则有着很高的内在价值且具有广泛的可接受性。其次，梳理了非黄金对冲美元汇率风险的方案，包括外汇期货、外汇期权、远期外汇、货币互换和黄金资产。

第三，整理分析了对冲效果的度量方法。Copula 突出特点为可以将随机变量的边缘分布与它们之间的相依结构分别进行研究，而边缘分布的选择不受分布形态和相依结构的限制。常用的 Copula 函数有：Gaussian-Copula、t-Copula、Clayton-Copula 和 SJC-Copula。基于资产组合对冲经典理论均值—方差模型介绍了最优对冲权重的计算方法。对冲效果度量方法主要介绍了方差、VaR、CVaR 以及 TCE 等，为实证检验黄金对冲美元汇率风险提供理论支撑。

第 3 章

美国 QE 政策对黄金价格与美元
汇率影响机理研究

金融危机的爆发和美国 QE 货币政策的实施对黄金市场和美元外汇市场产生了震撼性影响，主要表现为国际黄金价格和美元汇率的剧烈波动。如果 QE 政策实施期间黄金价格的上涨伴随着美元贬值，反之黄金下跌而美元升值，则采用黄金对冲美元汇率风险成为可能。首先，基于此本章对美国 QE 政策对黄金与美元汇率的传导机理进行了研究，为研究 QE 政策背景下的黄金与美元汇率对冲建立理论基础。其次，从美国 QE 货币政策的传导机理出发，筛选出美国 QE 货币政策对黄金及美元汇率影响的渠道变量，分别从政策实施时点和政策实施区间角度，检验了美国 QE 政策对黄金与美元汇率的短期和长期影响。

3.1 美国 QE 政策对黄金与美元汇率传导机理

由图 3.1 我们可以看出，黄金价格在美国 QE 政策实施期间出现了大幅波动，并达到了阶段峰值。2005～2015 年，黄金价格最低为 650.5 美元/盎司，最高则达到了 1813.5 美元/盎司，涨幅为278.8%，尤其在美国货币当局 QE1 至 QE3 的三轮 QE 货币政策的实施期间，黄金价格迅速飙升。然而美联储 QE4 与退出 QE 政策实施期间，国际金价则出现了持续下跌，截止到2014 年 1 月黄金价格已经降为 1251 美元/盎司。而同期在美国货币当局 QE1 至 QE3 的三轮 QE 货币政策的实施期间，美元汇率则迅速下跌，最低为 68.1。然而美联储 QE4 与退出 QE 实施期间，美元汇率则出现了大幅飙升，截止到 2015 年 11 月美元汇率指数已经上升到94.8。经验研究也验证了黄金的剧烈波动与美国货币政策密切相关，美国每增加 1% 的货币供给，将导致黄金价格平均上涨 0.9% （Artigas，2010；Hayo，Kutan and Neuenkirch，2012；谭雅玲，2013）。

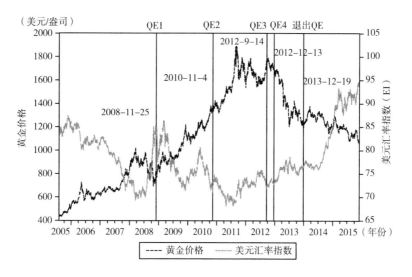

图 3.1　美国 QE 期间黄金与美元汇率走势

QE 货币政策作为一种新的货币政策手段，其对黄金与美元汇率的影响渠道及作用机制不同于传统货币政策。由于黄金的生产和供应相对稳定，而其作为消费需求和工业品需求的变化也有限。因此，从实体层面而言，黄金的基本供求因素在一定时期内比较平稳，因而对黄金价格的波动影响不大（Baur，2013；Selvanathan and Selvanathan，1999）。大量研究表明黄金价格的波动主要是其作为资产属性受投资需求因素的影响，包括美元避险需求、通货膨胀的对冲需求、投资组合多样化需求，以及安全避险需求等（Reboredo and Rivera-Castro，2014）。影响美元汇率波动的主要因素包括安全避险需求、利差交易、通货膨胀水平、国际收支状况以及其国内经济增长状况等。这些需求在美国 QE 政策期间对黄金价格和美元汇率的影响主要是通过信号渠道、资产组合平衡渠道和流动性渠道实现的（Bernanke et al.，2004；Gagnon et al.，2010；Janus，2015）。以下基于不同渠道研究了美国 QE 政策影响黄金价格和美元汇率的作用机制。

3.1.1　信号渠道

金融市场参与者通过中央银行沟通行为（公开宣布通货膨胀目标）做出相应的判断和投资决策。不同学者分别采用泰勒规则及有关指数等进行了研究，发现美联储公布的货币政策倾向能够增强对于货币政策变动的预测，结果表明央行的货币政策沟通提高了政策的可预测性（降低了预测误差），即实现了通货膨胀的"锚定"（Pakko，2005；Sellon，2008）。也有学者通过金融市场工具的提前反应行为研究发现，自从美联储 1994 年 2 月开始即时公布联邦基金利率目标后，未被市场预期到的货币政策变动的平均幅度降低了。金融市场以及私人部门对于联邦基金利率的预测能力提高，预测误差降低，并且更加趋同，金融市场行为与联邦公开市场委员会（Federal Open Market Committee，FOMC）的意图更好地协调同步。而与此同时私人部门对于 GDP 和通货膨胀的预测并没有出现同样变化，究其原因，除了美联储利率变动的渐进特性外，美联储的信息沟通亦是极为重要的原因（Bernoth and Hagen，2004；Poole and Rasche，2003）。

在利率方面，格思里和莱特（Guthrie and Wright，2000）首次提出"告示操作"概念，并通过实证研究发现，新西兰"告示操作"对各个期限的利率影响显著，甚至比公开市场操作更有效。迪米拉普和乔达（Demiralp and

Jorda，2002）同样发现，自 1994 年 2 月美联储公布联邦基金目标利率之后，可以用相对较小规模的公开市场操作，达到既定政策目标。伯南克、莱因哈特和萨克（Bernanke，Reinhart and Sack，2004）采用事件法研究得出 FOMC 政策声明对金融市场的未来货币政策预期有重要影响，表明央行可以采用政策沟通影响长期资产价格和利率。埃格特松（Eggertsson，2008）研究认为零利率约束下如果央行将长期保持低利率的货币政策声明可信，而且事先没有被公众预期到，那么将有效降低长期利率，支撑其他资产价格和刺激总需求，而且短期名利利率长期保持低水平的声明可以阻止通货膨胀下降的预期。

美国 QE 政策主要通过美联储大规模资产购买（large-scale asset purchase，LSAP）方式实施，每当美联储发表 LSAP 公告时，会产生信号效应。例如，2008 年 11 月 25 日的 LSAP 公告及 2008 年 12 月 6 日 FOMC 将政策利率降低到接近零的水平，预示着它希望超低水平的联邦基金利率保持一段时间。2009 年 3 月 18 日，FOMC 改变其措辞预示着它希望延期超低水平的联邦基金利率。因此，美国中央银行购买计划的宣布让投资者感到经济状况比其预期的更糟糕——未来经济可能长期衰退。同时投资者意识到长期内短期利率将维持在较低水平，低利率将导致通胀和弱势美元（Booth and Ciner，2001；Thornton，2014）。美国 QE 货币政策的实施使得作为信用货币的美元的风险上升，这期间人们更希望持有与主权无关的资产。公告加剧了投资者风险规避情绪，导致投资者降低其收益率增加对黄金和美国国债等更安全资产的需求（Ait-Sahalia et al.，2012；Bauer and Neely，2014；Białkowski et al.，2015；Glick and Leduc，2012）。因此 LSAP 公告传递了未来政策利率走势的信息。信号渠道通过改变投资者对未来的预期导致他们投资行为的改变。

3.1.2 资产组合平衡渠道

货币的利率外生性是资产购买有效性的决定因素。货币和债券的本质区别为货币的利率是由法律和传统外生决定的，而债券的回报率是由市场决定内生的。如果货币与债券这两种资产的角色在这一点上发生转换，那么改变他们的供给将会产生经济影响。这就是货币的特殊性质，这一性质对任何其他固定利率的资产同样适用。当一种资产的供给增加，那么这种资产及其他资产的利率结构必须改变，以吸引公众持有新的供给。如果不存在金融市场摩擦，那么改变美国国内资产的相对供给数量不太可能对其溢价及整体收益率产生影响（Tobin，1969）。因此，试图对长期债券收益率采取最高限价的措施，只有在目标收益率与投资者预期未来政策收益率一致的时候才可能有效。如果投资者怀疑利率不可能保持低利率，按照这种观点预测，中央银行将买入绝大部分甚至全部债券。进一步讲，即使是大规模购买债券，例如，购买长期国债可以影响其收益率，那么这个债券的收益率将与其余国债和私人部门的债期限结构分离，从而降低了该政策的经济影响（Bernanke，Reinhart and Sack，2004）。因此大规模的调整某种资产，只能导致其自身利率上升或下降。

资产间的不完全替代性是资产购买影响不同资产的期限结构及风险的重要因素。资产之间的不完全替代关系已被大量研究所证明（Friedman and Kuttner，1994；Roley，1983）。因为货币资产的利率是外生固定的，那么用其去交换其他资产时则必须通过整体调整降低其他资产利率或提高其他资产价格。美联储通过在公开市场买入和卖出不同期限和其他性质的证券，可以实质上影响这些证券的相对供给。在存在交易成本和金融资产不完全替代的条件下，美联储的购买行动能够影响期限、风险、流动性溢价，以及总的收益率（Tobin，1963）。因此货币政策可以通过公开市场操作改变债券市场结构的方式影响资产价格和收益率。

黄金与其他资产价格波动的不同之处主要在于它的低关联度和正偏度[①]。黄金和股票的相关性平均看来接近于零，在危机时期甚至是负相关的（Baur and McDermott，2010）。黄金收益的波动呈现正负收益不对称性的特征，其

---

① 正偏度是指黄金价格在某天涨幅超过 1% 的概率超过任何某一天下跌 1% 的概率。

正偏度特性将为资产组合提供下行风险保护（Baur，2012；Hillier et al.，2006；Lucey and Tully，2004）。美国金融危机期间，股票、债券等风险增加收益率下降，因而黄金的相对收益率得到提高。美国 QE 货币政策的实施导致联邦基金利率、美国国债的收益率下降。根据利率平价理论本国利率下降，短期套利资金、避险资金将流出，使美元贬值压力增加（孟宪扬，1987）。金融危机期间，美国经济状况持续恶化，甚至一度出现经济负增长。这使得企业在美国的投资回报率下降、风险加大。

美联储调整国债的货币政策影响依赖于公众持有债务的组成形式，而不依赖于政府债券的初始发行的构成形式（Tobin，1963）。作为资产的管理者，人们决定如何分布其所有的资产和负债以及其净值。基于对未来预期、风险估计和对风险的态度等原因，公众、银行和其他部门的投资组合偏好即资产需求函数可能发生改变。美国大规模 LASP 的实施，加重了投资者对未来通货膨胀的担忧。通货膨胀预期作为货币真实回报率的组成部分，是影响投资组合的重要构成因素。各国央行及投资者纷纷通过调整黄金、股票和债券的投资组合，降低总投资风险，提高投资效率（Ewing and Malik，2013；Mensi et al.，2013）。

此外，资产组合渠道也存在信号机制，这是由于央行资产购买行为不仅改变了其资产组合，而且强化了公众对继续实施 QE 货币政策的预期。这是由于假如退出 QE 货币政策，央行将承受相关资产价格下跌的损失，威胁到央行自身资产的安全性（Clouse et al.，2000）。资产组合效应在支撑相关资产价格，缓解有关金融机构出现资产负债表规模收缩的同时还能够增强 QE 政策在公众心中的可信度。

3.1.3 流动性渠道

资产价格和流动性之间存在着密切关系，许多研究表明过度的流动性会导致资产价格的升高。张旭（2011）实证检验了市场流动性和资产价格的关系，结果发现市场流动性与资产价格之间有显著的正相关关系，市场流动性增加是资产价格上涨的一个主要根源。贝尔克等（Belke et al.，2010）对主要 OECD 国家采用 VaR 方法进行分析，得出全球流动性扩张导致资产价格上涨速度高于商品价格上涨速度是由于商品的弹性不同。布拉娜等（Brana et al.，2012）同样也发现流动性增加将提高资产价格。美国 QE 政策期间 LSAP 的实施增加了金融市场中的资产流动性，使得投资者持币的机会成本减小，降低了投资者因为购买资产而在将来更难出售的风险，进而降低了流动性溢价，推高金融资产的价格。黄金作为重要的金融资产，其价格波动也受到市场流动性的影响。例如，黄金价格在 2008 年 11 月 13 日已下降到 713 美元/盎司，但在 2008 年 11 月 25 日受美联储 QE1 的影响黄金价格大幅上升。

LSAP 提高了资产流动性，进而导致汇率下跌。LSAP 的实施提供了对流动性较低的资产持续的购买需求，因此美联储 QE 货币政策可以给市场参与者提供保证，即他们可以把资产出售给美联储。在美联储的 LSAP 持续购买需求下，市场交易者和投资者可能更愿意积极持有美联储购买的债券，流动性和交易量都会得到提高（Gagnon et al.，2010）。同时美联储通过 LSAP 的实施，向社会供给了大量美元资产。货币供给增长过快而引起流动性过剩和需求过度，将促使通货膨胀的预期不断地增加。已有许多文献证明，流动性扩张是引起通胀的重要原因之一（李占风、陈妤，2010；杨继生，2009；张天顶、李洁，2011）。根据购买力平价理论，本国通货膨胀上升，汇率则会下跌（Gali and Monacelli，2005）。

综上研究可知，美国 QE 政策影响黄金价格和美元汇率作用机制如图 3.2 所示。

此外，市场对 LSAP 的反应，不仅仅依赖于其政策本身，而且还依赖于投资者对经济和金融市场状况的判断和解读，在不同的经济环境下可能导致的结果不尽相同（McQueen and Roley，1993；马文军，2014）。美联储早期实施的 LSAP 是在金融危机非常严重的情况下和经济状况不确定的时期实施的，因此美联储 LSAP 的实施可能传递其认为经济状况比预期差的信号，投

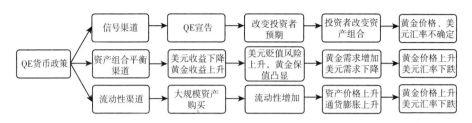

图 3.2　美国 QE 政策对黄金价格及美元汇率影响的传递渠道

资者感觉经济状况比预期的更糟或增加了风险，从而调低收益率，减少对美元的需求，增加对国债和黄金的需求。而在之后美国经济转好，金融危机减轻和新兴市场经济增长加快时期，LSAP 降低了市场风险，增强了人们对经济好转的信心，投资者对国债和黄金需求则会下降，对美元需求则会上升。

3.2　美国 QE 政策对黄金价格影响的实证检验

3.2.1　模型构建及变量选取

本书依据上文的理论分析，分别从影响黄金价格的不同渠道选取相关经济变量作为黄金价格的主要影响因素构建模型。

3.2.1.1　信号渠道的指标选取

信息渠道选取的指标为联邦基金利率。美国联邦基金利率作为反映美国货币政策指标有非常强的代表性，其包含的信息量更多，而且比其他变量（如货币增长率）更不容易受到经济内生性短期波动的影响（Bernanke and Blinder，1992）。它直接影响着金融资产（工具）的价格和收益率状况，传递了美国 QE 政策实施的信号效应。本书选取美国联邦基金有效利率数据代表美国的货币政策指标。

3.2.1.2 资产组合平衡渠道的指标选取

资产组合平衡渠道选取的指标有 VIX 指数（*VIX*）、股票市场指数（*stock*）、美元指数（*EI*）和美国联邦基金利率（*r*）。

VIX 指数反映的是市场参与者对由股指期权价格所传递的、近期股票市场波动率水平或其变动方向的一种预期。从股市运行的实践来看，每当市场出现恐慌时，由于抛盘增多，证券市场价格发生下跌，与之相伴随的是 VIX 指数上升；反之，当金融压力趋缓、证券价格开始回升时，这又会引起波动率水平下降。由于 VIX 指数能预示市场参与程度及金融混乱状态，它也被称作"投资者惶恐指数"，反映了美国 QE 政策实施对全球投资者避险情绪以及因此对黄金需求产生的影响。本书采用标准普尔 500 波动率指数代表 VIX 指数。

选取股票市场指数，是为了考察 QE 政策实施前后，股指是否出现大幅波动，投资者是否相应地调整了其资产组合中的股票资产与黄金资产配置比重。金融危机初期，美国股市暴跌，投资者需要调整资产组合以降低风险，提高收益；随着 QE 政策的实施，美国经济逐步企稳，股票价格上升，投资者也需要相应调整投资组合。有价证券和黄金有一定的替代（互补）关系，股票作为有价证券的重要组成部分有着很强的代表性。黄金既是股票的避险资产，又能对冲股票风险，有利于提高金融市场的整体稳定性。道琼斯工业平均指数作为美国股票市场晴雨表，在全球范围内有着重要的代表性，同时也更能够反映美国货币政策对资产市场的影响。本书将道琼斯工业平均指数作为股票市场指数代表的代表指标。

美元指数反映美国 QE 货币政策的实施是否导致投资者美元的避险需求而增加了黄金的配置。黄金与美元存在某种程度的货币竞争关系，美元的对外价值上升，则相应的黄金价格应下降。在美元出现大幅贬值的背景下，增加黄金在投资组合中的份额，可以降低投资风险，提高收益。本书采用贸易加权的美元与主要货币的汇率指数作为反映美元货币价值的指标，在一定程度上剔除了贸易对汇率的影响。

美国联邦基金利率是美国同业拆借市场利率，是金融市场基本利率，也可以反映美国国债的收益状况。其作为基准利率是其他一切利率和资产价格的基础，具有很强的代表性。其指标变动能较好地反映金融市场的投资组合变化和通货膨胀对冲对黄金的需求的影响。对于中国央行等，在美元储备的资产组合中，美国国债是重要组成部分。美联储利率联邦基金下降，各国央行及投资者可能降低国债比重，增加黄金配置。

3.2.1.3 流动性渠道的指标选取

流动性渠道选取的变量为联邦基金利率，当联邦基金利率降低到接近零时，代表着高流动性。基于上述分析，本书选取 VIX、stock、EI 和 r 作为黄金价格的主要影响因素，定义黄金价格及其影响因素的函数模型为：

$$gold_t = \beta_0 + \beta_1 VIX_t + \beta_2 stock_t + \beta_3 EI_t + \beta_4 r_t + \epsilon_t \qquad (3.1)$$

其中，VIX_t、$stock_t$、EI_t、r_t 分别代表 t 时刻 VIX 指数、股票市场指数、美元汇率和美国联邦基金利率，ϵ_t 代表随机误差项。β_0 为正值，代表黄金的工业需求和消费需求等基本需求对黄金价格的影响；β_1 一般为正，代表当金融风险增加时，黄金的避险需求上升；β_2、β_3 一般为负值，分别代表黄金与股票、美元金融资产之间的替代关系；β_4 一般为负，代表美国货币政策对黄金价格的影响。

3.2.1.4 数据来源

黄金价格（gold）采用美元黄金现货价格，数据来源于世界黄金协会网站。VIX 市场波动率指数来源于芝加哥期权交易所（CBOE）。美国联邦基金利率、美元汇率指数均来源于美国联邦储备官方网站。道琼斯指数数据来源于道琼斯指数公司。变量选取的时间区间为 2005 年 1 月 1 日至 2014 年 10 月 31 日的交易数据。为了消除异方差和量纲的影响，本书对上述变量取对数处理。以下依上述模型为基础，分别从短期和长期两个视角分析美国 QE 政策对黄金价格的影响。

3.2.2　美国 QE 政策对黄金价格的短期影响

美联储 QE 的宣告作为重要的事件对金融市场带来震撼性的短期冲击，其主要通过信号渠道对黄金价格产生影响。因此本书首先研究美国 QE 货币政策宣告的瞬时（短期）效应。

本书为了更准确地反映美国 QE 政策对黄金价格的短期影响：首先，根据上述黄金价格的影响因素，对差分之后的数据依据式（3.2）进行拟合，作为假设美国没有实施 QE 货币政策时的黄金收益率真实值的估计标准①；其次，依据式（3.3）将各事件窗口的黄金实际收益率与正常收益率（模型预测收益率）的差值作为黄金异常收益率值（AR）。这样在一定程度上消除了其他因素的影响，更准确地反映美国货币政策对黄金价格变动的影响。

$$\Delta gold_t = \beta_0 + \beta_1 \Delta VIX_t + \beta_2 \Delta stock_t + \beta_3 \Delta EI_t + \beta_4 \Delta r_t + \epsilon_t \qquad (3.2)$$

$$AR_t = \Delta gold_t - \beta_0 - \beta_1 \Delta VIX_t - \beta_2 \Delta stock_t - \beta_3 \Delta EI_t - \beta_4 \Delta r_t \qquad (3.3)$$

在计算异常收益率的基础上，进一步计算（T_1，T_2）时间上的累计异常收益率（CAR），记为 $CAR_t(t_1, t_2)$，表示在（T_1，T_2）时间区间上的累积异常收益率。计算公式为：

$$CAR_t(t_1, t_2) = \sum_{t=t_1}^{t_2} AR_t, (T_1 < t_1 \leqslant t_2 \leqslant T_2) \qquad (3.4)$$

3.2.2.1　定义事件及事件窗口

本书选定 2005 年 1 月 1 日至 2014 年 10 月 31 日的交易数据，以 2008 年金融危机后美国 QE 货币政策出台时间作为事件日。QE 政策时间点及对美元

①　Δ 代表一阶差分，ΔVIX_t、$\Delta stock_t$、ΔEI_t 和 Δr_t 代表美国 QE 政策通过不同渠道对黄金价格的影响。

汇率的预期影响如表 3.1 所示。为了避免 QE 货币政策的预期对黄金价格的变动产生影响，我们选定 QE 前第 60 个交易日到事件前第 21 个交易日作为评估期 [-60，-21]。事件窗定义为事件发生前后总共 41 天，即 QE 货币政策前第 20 个交易日到事件后的第 20 个交易日。

表 3.1 事件及金价预期变动

时间	事件	对金价预期影响
2008 年 11 月 25 日	QE1	黄金价格上涨
2010 年 11 月 4 日	QE2	同上
2012 年 9 月 14 日	QE3	同上
2012 年 12 月 13 日	QE4	同上
2013 年 12 月 19 日	退出 QE	黄金价格下跌

3.2.2.2 CAR 值分析

依据式（3.4）求得各轮货币政策事件窗中黄金 CAR 值（见图 3.3）。

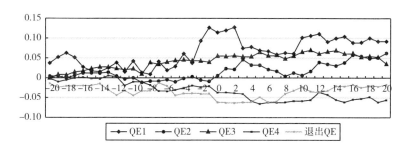

图 3.3 各事件窗中黄金 CAR 值

1. 黄金累积异常收益率显著上升分析

QE1、QE2 和 QE3 的实施事件窗中，黄金 CAR 值显著上升。其中 QE1 的实施前黄金累积异常收益率已经有小幅度上升而且波动剧烈，这说明第一轮 QE 货币政策的实施已经提前被市场察觉到，在 QE1 实施之后货币政策走向得到了确认，投资者为了规避通货膨胀风险进一步加大了黄金的投资，推动黄金累积异常收益率继续大幅攀升。

2. 黄金累积异常收益率显著下跌分析

QE4 的实施之前黄金 CAR 值有小幅下跌，在实施 QE4 之后下跌幅度加大，截至第 20 个交易日 CAR 值为 − 0.056。这表明在经历了前三轮的 QE 货币政策之后，美国经济已经开始企稳回升，GDP 同比增长率从 2011 年的1.6% 上升到 2012 年前三季度的 2.3%，2.7% 和 1.6%，道琼斯工业平均指数也从 2009 年 8885.7 点上升到 2012 年第三季度的 13140.4 点；同比消费者物价指数也分别从 2011 年的 3.1% 下降为 2012 年第三季度的 1.9%，美元升值预期增强，黄金价格下跌压力增大。

退出 QE 政策实施前，黄金累积异常收益率已经开始下降。此时美国经济已经基本复苏，经济增长强劲，2013 年美国 GDP 增长率为 2.2%，消费者价格指数进一步下降到 1.5%，美元进一步走强。在退出 QE 政策实施后，美国货币当局的政策走向得到确认，从而推动黄金累积异常收益率大幅下跌。

3.2.2.3　稳定性检验

为了进一步判断黄金异常收益率是否由市场随机性波动导致，本书对黄金价格 *CAR* 值进行统计检验。如果统计检验的结果显著，则说明事件发生时间段内 QE 事件对黄金价格影响显著，黄金价格的波动并非是随机性因素导致的。依据市场模型理论，假设 QE 事件对黄金价格影响不显著时，CAR_t 的分布为 0 均值的正态分布。据此可以检验 CAR_t 是否显著异于 0，即检验假设 H_0：$CAR_t = 0$。本书设定的显著性水平为 $\alpha = 0.05$。其检验统计量服从自由度为 $n - 1$ 的 t 分布：$t_{CAR_t} = \dfrac{CAR_t}{S_{CAR_t}/\sqrt{n}}$，其中，$S_{CAR_t}$ 是累积异常收益的标准差。如果 t_{CAR_t} 的绝对值大于 1.96，则黄金的平均异常收益率在 5% 的显著性水平上异于 0。

表 3.2 采用了不同的窗口期进行估计，其中较短的窗口期是为了尽可能减小其他重要新闻事件对黄金异常收益率的影响，而采用更长的窗口期是为了捕捉到可能的预期影响效应。通过表 3.2 反映出美国 QE 政策的实施对黄金市场有显著的正向（负向）影响。

表 3.2　　　　　　　　各轮 QE 事件窗中黄金累积异常收益率 t 检验

时间 t	QE1		QE2		QE3		QE4		退出 QE	
	t 值	P 值	t 值	P 值	t 值	P 值	t 值	P 值	t 值	P 值
（-5，5）	0.07	0.00	0.02	0.01	0.01	0.00	-0.00	0.69	-0.03	0.00
（-10，10）	0.05	0.00	0.01	0.01	0.03	0.00	-0.01	0.00	-0.02	0.00
（-15，15）	0.04	0.00	0.00	0.89	0.03	0.00	-0.02	0.00	-0.04	0.00
（-20，20）	0.07	0.00	0.02	0.00	0.04	0.00	-0.03	0.00	-0.04	0.00

注：表中 P 值小于 0.05，表明 QE 政策宣告对黄金价格波动短期影响显著。

美国 QE 政策对黄金价格的影响具体如下：

美国货币当局前三轮 QE 货币政策都使得黄金异常收益率上涨，主要表现为：前三轮 QE 货币政策的事件窗中，除 QE2 在 （-15，+15） 窗口不显著外，其他政策公布前后的各事件窗口，黄金异常收益率显著为正值，即 QE1、QE2 与 QE3 的实施使得黄金价格显著上涨。并且进一步分析发现，QE2 各事件窗的平均 CAR 值普遍小于 QE1 个时间窗的平均 CAR 值。这表明在经历的第一轮 QE 货币政策之后，美国经济下行压力有所缓解。2010 年美国经济增长率由 2009 年的 -2.8% 上升到 2.5%，且黄金价格也已经上升到 1400 美元/盎司的历史高位，因而黄金市场对 QE2 的实施反应不如 QE1 强烈。QE3 实施的各事件窗口内除 （-5，+5） 外，黄金平均 CAR 值都大于 QE2 各事件窗口的平均 CAR 值。这主要是由于经历了前两轮的 QE 货币政策，美国经济依然复苏乏力，欧债危机持续蔓延，加剧了市场的不稳定因素，QE3 的实施进一步增加了投资者对风险的关注程度，因而导致黄金价格大幅上升。

美国货币当局 QE4 与退出 QE 的实施使得黄金价格下跌。QE4 的推出使得黄金异常收益率显著下降。在金融危机之后美联储推出了 QE1、QE2 和 QE3，随着金融市场功能的逐步恢复和经济的持续复苏，QE4 的实施增强了投资者对美国经济转好的信心，进而投资者减少黄金的需求导致黄金价格下跌。随着美国实体经济部门复苏日益稳固，美国退出 QE 政策只是时间问题。2013 年 5 月伯南克暗示将退出 QE 货币政策，在 9 月的新闻发布会上，伯南克暗示 9 月不削减 QE 的因素之一是国会财政预算谈判。经过美联储为退出

QE 政策出台的长期酝酿，市场对美元升值预期得到确认。同时 2013 年欧元区第二季度和第三季度不变价环比经济增长率分别为 0.3% 和 0.1%，欧洲经济复苏，降低了投资者对风险的关注程度。因而在 12 月 19 日退出 QE 政策实施的各事件窗口内，黄金的平均累积异常收益率显著为负。

3.2.3 美国 QE 政策对黄金价格的长期影响

短期内，美国 QE 政策宣告主要表现为瞬时的冲击效应；而长期内，美国 QE 政策则更多表现为通过不同渠道变量对黄金价格的影响。美联储从 2008 年 11 月开始实施 QE 货币政策到 2013 年 12 月宣告退出，5 年时间内进行了大规模资产购买。通过长期的超常规大规模资产购买行为，美联储不断调整不同金融资产的相对供给数量，进而调整资产价格及其收益率。这给包括黄金在内的相关经济变量带来了持续性的影响。金融危机期间，当市场压力增大的时候，不同资产回报率之间的关系将发生变化（Chan et al.，2011；Hartmann and de Vries，2004；Piplack and Straetmans，2010）。经济变量之间的关系可能并不如经济平稳时期那样稳定，例如，一些变量在某种环境下是负相关的，而在另外情境下却是强正相关（Chan，Treepongkaruna，Brooks and Gray，2011）。因此，美国 QE 货币政策的实施，黄金价格的影响因素与黄金价格之间的关系可能是不断变化的。这种变量之间关系的变化必将对黄金价格的波动带来影响，导致黄金与其长期影响因素之间的关系也随着 QE 政策的不断实施而变化，进而影响黄金价格的长期走势。

3.2.3.1 模型选取

由于经济环境不断的发展变化，相应的模型参数可能呈现动态的变化过程。一般计量模型假设参数固定不变，因此在较长样本期内对经济变量进行回归，只是得到一个"平均"意义上的关系，而如果将样本区间缩短，则可能得出不同结论（徐奇渊，2012）。滚动回归法，通过设定每次回归模型的窗宽，可以得到不同时期内参数的动态变化。相对于静态回归，滚动回归分析可以反映回归系数的动态变化。鉴于金融危机的严重性以及美国历史罕见的 QE 货币政策的实施对金融市场的影响，我们有必要缩短观察的周期，采用滚动回归法观察黄金价格与其影响因素在长期中的演变。

为了分析 QE 实施前、QE 实施期间以及 QE 退出之后黄金价格与其影响因素之间的长期动态关系，本书选取 2005 年 1 月至 2014 年 10 月的月度数据，依据式（3.1）采用滚动回归的方法拟合回归模型，并整理得到图 3.4 至图 3.7。我们选择两年（24 个月）的长度作为滚动回归的长度，采用逐月滚动的方法得到连续的估计结果序列，其中回归系数的 P 值小于 0.05 代表回归系数显著①。

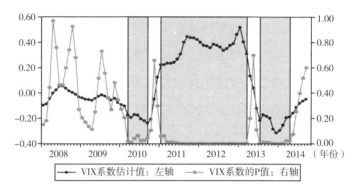

图 3.4　VIX 估计系数及 P 值

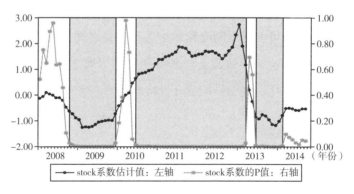

图 3.5　stock 估计系数及 P 值

---

①　图中阴影标示部分表示回归系数在 5% 的水平上显著。

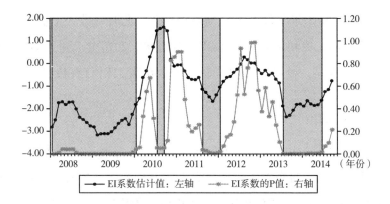

图 3.6　EI 估计系数及 P 值

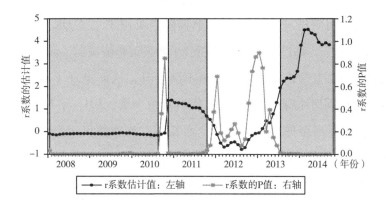

图 3.7　r 估计系数及 P 值

3.2.3.2　实证结果

上述滚动回归结果如下:

1. VIX 指数

金融危机初期,2010 年 3 月至 9 月 VIX 指数对黄金价格有短期的负向作用。美国 QE 货币政策的实施缓解了金融市场的恐慌情绪,同时未来预期通货膨胀增加,因而此时 VIX 指数下降黄金需求上升。随着美国 QE 政策的不断出台,出于对美国未来经济增长不确定性的担心,美国股市不断出现大幅波动,同时美元贬值及通胀风险进一步上升,黄金的避险保值需求增加,

2011 年 1 月至 2013 年 3 月 VIX 正向影响显著，此时系数为正值。随着美国经济的全面复苏，美联储逐渐退出 QE 货币政策，2013 年 7 月至 2014 年 4 月 VIX 负向影响增强，投资者减少黄金资产的配置，回归系数又转变为负值（见图 3.4）。

2. 股价指数

金融危机初期，由于金融市场恐慌情绪蔓延以及对美国经济增长的担忧，股价指数大幅下跌，投资者纷纷增加安全资产的配置，2008 年 10 月至 2009 年 12 月资产组合平衡渠道作用显著。因而股价指数与黄金价格之间呈现负向关系，充分体现了全球最大资本市场与黄金市场之间的替代关系，即黄金的避险保值的作用明显（见图 3.5）。然而随着美国第二轮 QE 货币政策的实施，2010 年 6 月至 2013 年 3 月资产组合平衡渠道影响减弱，流动性渠道影响增强，通胀压力上升，金融资产价格不断上升，从而出现了道琼斯股价指数和黄金价格同时上涨的局面。QE 货币政策末期，2013 年 6 月至 2014 年 3 月美国基本走出金融危机，经济全面复苏，流动性渠道影响减弱，资产组合渠道影响增强，投资者纷纷减少黄金配置，此时道琼斯指数持续上涨而黄金价格则开始下跌，即随着经济的好转道琼斯指数与黄金价格又转为替代关系。

3. 美元指数

从图 3.6 可以看到，美元指数的回归系数，对应于左轴；在大部分时间当中，该系数的值都在 0 刻度线的下方，即美元指数跌的时候黄金在涨，而黄金跌的时候美元指数则往往处于上升途中。其他时间段系数为正的情况，多是通不过或是勉强通过 t 检验的。美元是当前国际货币体系的柱石，美元和黄金同为最重要的储备资产。美国 QE 货币政策的实施，使得大量美元充斥美国国内及国际金融市场，美元贬值压力增大。各国央行及投资者为了应对美元资产贬值，增加黄金储备，资产组合平衡渠道影响显著，凸显黄金避险功能和储备资产功能。而且美元是黄金的标价货币，美元贬值将促使黄金价格上涨。同时美国作为世界经济的增长引擎，国际贸易份额世界第一，全球经济深受其影响，而黄金价格一般与全球经济景气程度负相关。在金融危机最为严重时期，美元指数下跌一个百分点黄金价格上涨一度超过 2%，这充分体现了黄金的避险保值功能。

4. 美国联邦基金利率

金融危机初期，为了刺激经济复苏美联储先后十次降息，力度空前。这一阶段，美联储的十次降息和国际现货金价保持较高的负相关，十次降息中有九次带来黄金不同幅度的上涨。2008 年 2 月至 2010 年 10 月信号渠道和资产组合平衡渠道作用显著，此时联邦基金利率与黄金价格负相关（见图 3.7）。从信号渠道看，美联储降息将增加流动性，使得通货膨胀率上升，进而增强资产价格上涨预期，出于避险需求，投资者亦增加黄金的资产配置。同时利率表示的是持有黄金的机会成本，因此在利率较低时人们从资产组合平衡角度更倾向于持有黄金。QE 货币政策中期，2010 年 11 月至 2011 年 10 月利率显著为正，此时流动性渠道影响增强，使得国债和黄金等金融资产价格同时出现上涨。同时由于利率已经处于非常低的水平，黄金价格的波动更多受到美联储 QE 货币政策的影响，因而 2011 年 11 月至 2013 年 6 月利率对黄金价格的影响不显著。QE 货币政策后期，美国逐步退出 QE 货币政策，在流动性渠道负向作用下，2013 年 7 月至 2014 年 10 月美国国债及黄金等金融资产价格下降，美国联邦基金利率对黄金价格有显著的正向影响。

从模型的模拟结果来看，美国 QE 货币政策实施期间，黄金与其影响因素之间的关系发生了显著变化。这种变化与多种因素交织在一起影响着黄金价格的长期走势及其波动情况。这表明决定黄金价格的因素与其他金融资产和实物资产是不同的，显然这是由黄金的特性所决定的。黄金更多的时候是作为金融资产来买卖的，而黄金的流动性特点及避险保值作用又是一般实物资产所不具备的，这样黄金在投资组合中的重要性以及危机期间的安全港湾是不言而喻的。

3.3 美国 QE 政策对美元汇率影响的实证检验

3.3.1 美国 QE 政策对美元汇率的短期影响

3.3.1.1 模型构建及指标选取

1. 模型构建

美联储 QE 政策的宣告作为重要的事件对金融市场带来震撼性的短期冲击，其主要通过信号渠道对美元汇率产生影响。因此本书首先研究美国 QE 货币政策宣告的瞬时（短期）效应。而事件法是研究某一事件短期影响的有效方法之一，其是通过计算非正常收益率来实现。因此，要设计和计算正常收益率，进而才能得到非正常收益率。计算正常收益率的模型主要有均值调整收益模型、市场调整收益模型、市场和风险调整模型。

均值调整收益模型假设事件发生前后某种证券 i 的期望收益等于常数 K_i，各个证券之间 K_i 值存在差异。实际收益与预期收益之间的差额即为非正常收益。均值调整收益模型赋予了给定证券的历史信息较大权重，当该证券的波动与市场总体波动联系不紧密时，用均值调整收益模型计算非正常收益更为准确恰当。由于各国的汇率制度、市场结构、国内经济状况和发展水平的差异，其汇率形成过程及其汇率变动趋势有很大不同，因此本书采用均值调整收益模型进行事件研究（陈汉文、陈向民，2002）。

为了更准确地反映美国 QE 政策对美元汇率的短期影响，本书将评估期汇率对数收益率的均值作为假设美国没有实施 QE 货币政策时的美元汇率收益率真实值的估计标准[①]。之后，依据式（3.5）将各事件窗口的美元汇率实际收益率与正常收益率（模型预测收益率）的差值作为美元汇率异常收益率

---

① Δ 代表一阶差分。

值（AR）。这样在一定程度上消除了其他因素的影响，更准确地反映美国货币政策对美元汇率变动的影响。

$$AR_t = \text{average}(\Delta EX_{i,t}) \tag{3.5}$$

计算所有汇率在（T_t，T_2）内每日的超常平均收益率（average agnominal return，AAR），就是计算所有汇率超常收益率的算术平均值。所有股票在第 t 日的平均收益率为：

$$AAR_t = \frac{\sum_{i=1}^{n} AR_{i,t}}{n} \tag{3.6}$$

在计算异常收益率的基础上，进一步计算（T_1，T_2）时间上的累计异常收益率（CAR），记为 CAR_t（t_1，t_2），表示在（T_1，T_2）时间区间上的累积异常收益率。计算公式为：

$$CAR_t(t_1,t_2) = \sum_{t=t_1}^{t_2} AAR_t, (T_1 < t_1 \leqslant t_2 \leqslant T_2) \tag{3.7}$$

2. 指标选取

本书分别选取主要发达国家货币和发展中国家货币作为代表，以期全面反映美元兑不同国家货币汇率的波动情况。

（1）代表发达国家货币方面。除美元之外，英镑（GBP）、欧元（EUR）、日元（JPY）都是世界主要货币和国际储备资产；而加拿大元（CAD）、瑞士法郎（CHF）、挪威克朗（NOK）是构成美元指数的重要货币，有较强的代表性；而澳大利亚作为亚太地区重要的发达国家，其与美国和亚太地区等发展中国家等都有较强的联系，因而本书亦将澳元（AUD）作为代表性货币之一。综上所述，本书选取以上货币作为发达国家经济体的代表货币。

（2）代表发展中国家货币方面。作为新兴经济体，金砖国家经济增长速度显著高于世界平均水平，对全球经济增长拉动作用逐年上升，金砖五国贡献率超过 50%。经济的快速增长，使得金砖国家积累了大量的外汇储备，其中绝大部分为美元资产，因此本书选取金砖五国（BRICS）代表发展中国家经济体的货币，分别为：巴西雷亚尔（BRL）、俄罗斯卢布（RUB）、印度卢比（INR）、人民币（RMB）、南非兰特（ZAR）。此外本书采用美元指数（EI）综合分析美国 QE 货币政策对美元汇率的影响。

2007 年 8 月美国次贷危机全面爆发并演变成之后的金融危机；2014 年 1 月开始美联储逐渐退出 QE 货币政策，并于 2015 年 12 月正式启动加息进程，标志着 QE 货币政策的最终结束。因此为了全面反映金融危机前后黄金与美元汇率的相依结构关系，本书选取 2005 年 8 月 1 日至 2015 年 11 月 30 日数据进行分析（以上所有数据均来自美联储网站）。考虑到数据的一致性，本书采用所有数据都有交易日的数据集。汇率的标价方法采用间接标价法，即"外币价格/美元"，汇率下跌表明美元贬值，无特殊说明下文都按此标价法计算。

3.3.1.2　定义事件及事件窗口

本书选定 2005 年 8 月 1 日至 2015 年 11 月 30 日的交易数据，以 2008 年金融危机后美国 QE 货币政策出台时间作为事件日。QE 政策时间点及对美元汇率的预期影响如表 3.4 所示。为了避免 QE 货币政策的预期对美元汇率变动产生影响，我们选定 QE 前第 60 个交易日到事件前第 21 个交易日作为评估期 [-60, -21]。事件窗定义为事件发生前后总共 41 天，即 QE 货币政策前第 20 个交易日到事件后的第 20 个交易日。

表 3.3　　　　　　　　　　事件及美元汇率预期变动

时间	事件	对美元汇率影响
2008 年 11 月 25 日	QE1	美元贬值预期上升，美元汇率下降
2010 年 11 月 4 日	QE2	同上
2012 年 9 月 14 日	QE3	同上
2012 年 12 月 13 日	QE4	同上
2013 年 12 月 19 日	退出 QE	美元升值预期上升，美元汇率上升

3.3.1.3　CAR 值分析

依据式（3.7）求得各轮货币政策事件窗中美元汇率 CAR 值（见图 3.8）。

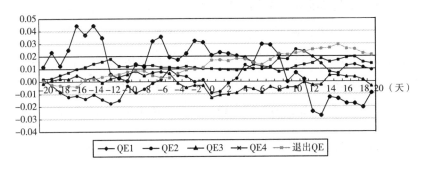

图 3.8　各事件窗口美元汇率 CAR 值

1. 美元汇率累积异常收益率显著下跌分析

QE1、QE2 和 QE3 的实施事件窗中，美元汇率 CAR 值显著下降。其中，QE1 的实施前美元汇率累积异常收益率已经有小幅度下跌而且波动剧烈，这说明第一轮 QE 货币政策的实施已经提前被市场察觉到，在 QE1 实施之后货币政策走向得到了确认，投资者为了规避通货膨胀风险进一步减少了美元的需求，推动美元汇率累积异常收益率继续大幅下跌。

2. 美元汇率累积异常收益率显著上升分析

QE4 政策的实施之前美元汇率 CAR 值有小幅上升，在实施 QE4 之后美元汇率持续升值，截至第 20 个交易日 CAR 值为 0.014。这表明在经历了前三轮的 QE 货币政策之后，美国经济已经开始企稳回升，GDP 同比增长率从 2011 年的 1.6% 上升到 2012 年前三季度的 2.3%、2.7% 和 1.6%，道琼斯工业平均指数也从 2009 年的 8885.7 点上升到 2012 年第三季度的 13140.4 点；同比消费者物价指数也分别从 2011 年的 3.1% 下降为 2012 年第三季度的 1.9%，美元升值预期增强。

退出 QE 政策实施前，美元汇率累积异常收益率已经开始上升。此时美国经济已经基本复苏，经济增长强劲，2013 年美国 GDP 增长率为 2.2%，消费者价格指数进一步下降到 1.5%，美元进一步走强。在退出 QE 政策实施后，美国货币当局的政策走向得到确认，从而推动美元汇率累积异常收益率大幅上升。

3. 稳定性检验

为了进一步判断美元汇率异常收益率是否由市场随机性因素导致，本书对美元汇率 CAR 值进行显著性检验。如果结果显著，则表明 QE 事件对美元汇率有显著影响，而非随机性因素导致的。依据均值模型，假设 QE 政策宣告对美元汇率无影响时，CAR_t 服从正态分布。据此可以检验 CAR_t 是否显著异于 0，即假设 H_0：$CAR_t = 0$，本书设定的显著性水平为 $\alpha = 0.05$。其检验统计量服从自由度为 $n-1$ 的 t 分布：$t_{CAR_t} = \dfrac{CAR_t}{S_{CAR_t}/\sqrt{n}}$，其中，$S_{CAR_t}$ 是累积异常收益的标准差。如果 t_{CAR_t} 的绝对值大于 1.96，则美元汇率的平均异常收益率在 5% 的显著性水平上异于 0。

表 3.4 采用了不同的窗口期进行估计，其中较短的窗口期是为了尽可能减小其他重要新闻事件对美元汇率异常收益率的影响，而采用更长的窗口期是为了捕捉到可能的预期影响效应。通过表 3.4 反映出美国 QE 货币政策的推出能立刻对美元汇率市场能产生显著正向（负向）影响，美元汇率对不同 QE 货币政策的反应具体如下：

表 3.4　　　　　各轮 QE 事件窗中汇率累积异常收益率 t 检验

时间 t	QE1		QE2		QE3		QE4		退出 QE	
	t 值	P 值	t 值	P 值	t 值	P 值	t 值	P 值	t 值	P 值
（-5，5）	0.02	0.00	0.00	0.29	-0.01	0.01	0.01	0.00	0.01	0.00
（-10，10）	0.02	0.00	0.00	0.05	-0.00	0.09	0.01	0.00	0.01	0.00
（-15，15）	0.02	0.00	0.00	0.18	-0.00	0.23	0.01	0.00	0.01	0.00
（-20，20）	0.01	0.00	0.00	0.12	-0.00	0.39	0.01	0.00	0.01	0.00

注：表中 P 值小于 0.05，表明 QE 政策宣告对美元汇率波动短期影响显著。

美国货币当局前三轮 QE 货币政策都使得美元汇率异常收益率下跌，主要表现为：前三轮 QE 货币政策的事件窗中，QE1 在各事件窗口都显著异于 0；QE2 在（-10，10），QE3 在（-5，5）和（-10，10）事件窗口，美元汇率的异常收益率显著为负值，即 QE1、QE2 与 QE3 的实施使得美元汇率显著下跌。QE1 对汇率的冲击明显大于 QE2 与 QE3 主要是由于金融危机爆发初期，美国国内金融市场持续动荡，QE 政策的实施对市场带来了巨大的冲击。QE1 之后美国经济下行压力有所缓解。2010 年美国经济增长率由 2009 年的 -2.8% 上升到 2.5%，而且欧洲债务危机持续蔓延，加剧了市场的不稳定因素。因此美元的避险需求又有一定上升，进而 QE2 与 QE3 的影响不如 QE1 显著。

美国货币当局 QE4 与退出 QE 的实施使得美元汇率上升。QE4 的推出使得美元汇率异常收益率显著下降。在金融危机之后美联储推出了 QE1、QE2 和 QE3，随着金融市场功能的逐步恢复和经济的持续复苏，QE4 的实施增强了投资者对美国经济转好的信心，而且国际金融市场持续动荡，进而投资者增加美元的需求导致美元汇率上升。随着美国实体经济部门复苏日益稳固，经过美联储为退出 QE 政策的长期酝酿，退出 QE 政策的实施使得市场对美元升值预期得到确认。因而在退出 QE 政策实施的各事件窗口内，美元汇率的平均累积异常收益率显著为正。

3.3.2 美国 QE 政策对美元汇率的长期影响

美国 QE 政策通过信号渠道、资产组合平衡渠道以及流动性渠道对美元汇率产生影响，同时 QE 政策本身通过大规模资产购买亦对汇率产生影响。协方差分析法可以将 QE 货币政策渠道变量与 QE 政策变量共同建模，同时反映渠道变量和 QE 政策事件对美元汇率的长期影响。

3.3.2.1 指标选取

1. 信号渠道的指标选取

信号渠道选取的指标为联邦基金利率。美国联邦基金利率作为反映美国货币政策指标有非常强的代表性，其包含的信息量更多，而且比其他变量（如货币增长率）更不容易受到经济内生性短期波动的影响（Bernanke and

Blinder，1992）。它直接影响着金融资产（工具）的价格和收益率状况，传递了美国 QE 实施的信号效应。本书选取美国联邦基金有效利率数据代表美国的货币政策指标。

2. 资产组合平衡渠道的指标选取

资产组合平衡渠道选取的指标有 VIX 指数（*VIX*）、美国联邦基金利率（*r*）、美国国内通货膨胀率（*CPI*）和美国经济增长状况（*GDP*）。

VIX 指数能够反映市场参与者对股票市场波动状况或变动方向的预期，从而能预示市场参与程度和金融混乱状态，因而可以反映美国 QE 政策实施对全球投资者避险情绪以及因此对美元需求产生的影响。本书采用标准普尔 500 波动率指数代表 VIX 指数。

美国联邦基金利率是美国同业拆借市场利率、是金融市场基本利率，也可以反映美国国债的收益状况。其作为基准利率是其他一切利率和资产价格的基础，具有很强的代表性。其指标变动能较好地反映金融市场的投资组合变化和通货膨胀对美元需求的影响。对于中国央行等，在美元储备的资产组合中，美国国债是重要组成部分。美国联邦基金利率下降，各国央行及投资者可能降低美元比重。

美国国内通货膨胀率反映了美国的物价水平变动情况，在一定程度上衡量了美元贬值的程度。当通货膨胀率上升时，资金将流出美国，美元贬值压力增大，美元汇率下跌。反之，美元汇率上升。消费者价格指数（CPI）可以较好代表物价水平的变动情况，本书采用季节调整的消费者价格指数作为衡量通货膨胀状况的指标。

美国经济增长状况（GDP）乐观，投资机会增加，大量资金流入美国，美元增值，反之美元贬值。由于 GDP 核算一般较为滞后且缺乏月度数据，而工业生产指数衡量制造业、矿业与公共事业的实质产出，反映的是某一时期工业经济的景气状况和发展趋势具有较高的代表性。因而，本书选择季节调整的美国工业产出指数作为美国经济状况的代表指标。

3. 流动性渠道的指标选取

流动性渠道选取的变量为联邦基金利率，当联邦基金利率降低到接近 0

时，代表着高流动性。

3.3.2.2　模型假设

美国 QE 货币政策对汇率的长期影响主要有两方面：一是通过不同渠道对美元汇率产生影响，二是 QE 政策持续的大规模资产购买政策本身对汇率产生影响。协方差分析法可以将 QE 货币政策渠道变量与 QE 政策变量共同建模，将渠道影响变量作为协变量，利用线性回归方法剔除协变量影响后进行的方差分析。就是说先从因变量的总离差平方和中去掉协变量对因变量的回归平方和，再对残差平方和分解，进行方差分析，得到 QE 政策变量的影响。因此本书以美国 QE 政策作为影响因子，以 r、VIX、GDP、CPI 为协变量进行单因素协方差分析，数学模型如式（3.8）所示。

$$y_{ij} = \mu + \lambda_i + \beta_1 r_{ij} + \beta_2 CPI_{ij} + \beta_3 VIX_{ij} + \beta_4 GDP_{ij} + \epsilon_{ij} \tag{3.8}$$

其中，λ_i 为政策变量，代表美国第 i 次 QE 货币政策对美元汇率的影响。r_{ij}、CPI_{ij}、VIX_{ij}、CDP_{ij} 分别代表美国第 i 次 QE 实施期间 r、CPI、VIX、GDP 的第 j 个观测值，为渠道影响变量。β 为线性回归系数，ϵ_{ij} 是随机误差项，服从 $IID(0, \sigma^2)$

如果美国 QE 政策变量对汇率美元影响不显著，则各水平的效应全为 0，否则不全为 0，于是我们提出式如下假设：如果原假设 H_0 不能被拒绝，则说明美国 QE 政策的实施对美元汇率影响不显著；否则表明 QE_i 不全相等，即美国 QE 政策变量影响显著。

H_0：$QE_i = 0$　即美国 QE 政策影响显著。

H_1：$QE_i \neq 0$　即美国 QE 政策影响不显著。

3.3.2.3　实证分析

表 3.5 中校正模型的概率 P 值为 0.00 小于 0.05，可以认为美元汇率与 r、VIX、GDP 和 CPI 之间存在线性回归关系，即政策渠道变量对美元汇率存在

影响。模型中 η^2 值较大，表明回归模型对汇率波动的贡献较大[①]。由美国 QE 货币政策与美元汇率波动情况均值图可以看出，总体上美国 QE1 货币政策的实施，使得美元汇率下跌，而退出 QE 政策则使得美元汇率上升（见图 3.9）。

表 3.5　　　　　　　　　协方差分析主体间效应检验

因变量	校正模型		截距		CPI		R		VIX		GDP		QE	
	P 值	η^2	P 值	η^2	P 值	η^2	P 值	η^2	P 值	η^2	P 值	η^2	P 值	η^2
AUD/USD	0.00	0.43	0.09	0.03	0.00	0.13	0.74	0.00	0.00	0.25	0.51	0.00	0.03	0.10
CAD/USD	0.00	0.39	0.07	0.03	0.00	0.13	0.19	0.02	0.00	0.19	0.84	0.00	0.10	0.08
EUR/USD	0.00	0.23	0.23	0.01	0.00	0.15	0.32	0.01	0.08	0.03	0.64	0.00	0.28	0.05
GBP/USD	0.00	0.37	0.10	0.02	0.00	0.20	0.01	0.05	0.10	0.02	0.09	0.02	0.79	0.02
JPY/USD	0.00	0.33	0.06	0.03	0.31	0.01	0.00	0.10	0.00	0.19	0.47	0.00	0.02	0.12
NOK/USD	0.00	0.40	0.03	0.04	0.00	0.24	0.83	0.00	0.00	0.10	0.32	0.01	0.11	0.08
CHF/USD	0.10	0.12	0.89	0.00	0.00	0.08	0.69	0.00	0.58	0.00	0.24	0.01	0.49	0.04
EI/USD	0.00	0.28	0.05	0.03	0.00	0.18	0.51	0.00	0.06	0.03	0.77	0.00	0.13	0.07
BRL/USD	0.00	0.41	0.01	0.05	0.00	0.12	0.20	0.01	0.00	0.21	0.25	0.01	0.01	0.12
RMB/USD	0.00	0.31	0.00	0.08	0.00	0.12	0.01	0.06	0.59	0.00	0.56	0.00	0.00	0.20
RUB/USD	0.00	0.20	0.13	0.02	0.01	0.06	0.63	0.00	0.00	0.10	0.32	0.01	0.75	0.02
INR/USD	0.00	0.24	0.10	0.02	0.16	0.02	0.36	0.01	0.00	0.15	0.66	0.00	0.08	0.08
ZAR/USD	0.00	0.41	0.00	0.07	0.01	0.06	0.06	0.03	0.00	0.26	0.72	0.00	0.02	0.12

注：发达国家货币包括 AUD、CAD、EUR、GBP、JPY、NOK、CHF，金砖国家货币包括 BRL、RMB、RUB、INR、ZAR，EI 为美元汇率指数。表中数据表明 CPI 资产组合平衡渠道和 VIX 的资产组合平衡渠道对美元汇率影响显著；QE 政策实施对美元汇率影响显著，金砖国家尤其明显。

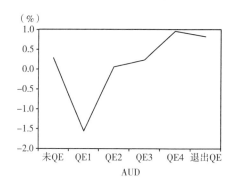

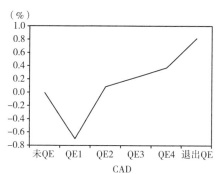

① 统计量报告每一项的实际的显著性，是根据由效应计算的变异与由效应和剩余误差里的效应之和的比值。值较大的表明较大的模型效应，最大值为 1。

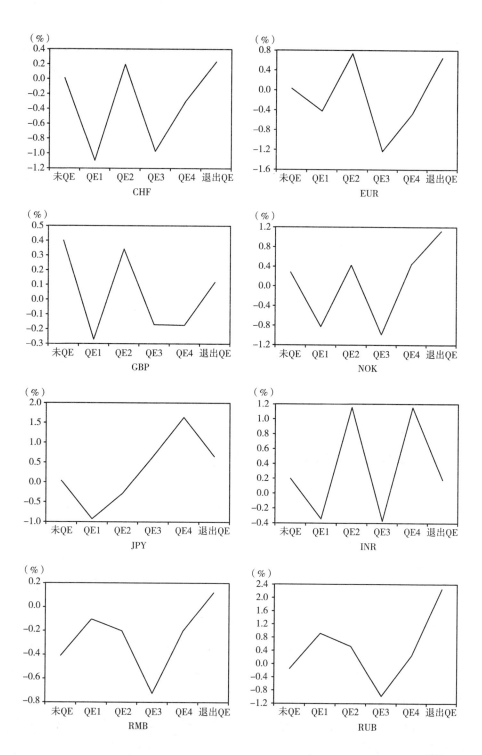

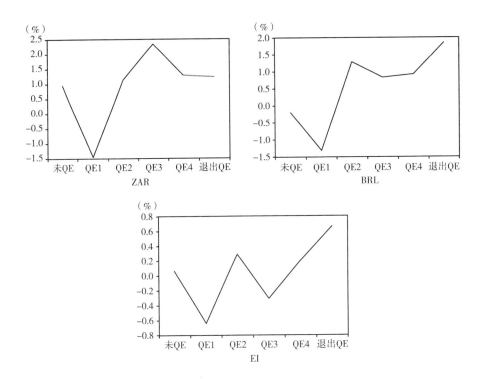

图 3.9　QE 对美元汇率影响均值

注：该图表明 QE 政策实施对美元汇率影响显著。

1. 美国 QE 对发达国家汇率的影响

在校正模型中 CPI 的系数除日元兑美元汇率（JPY/USD）的 P 值为 0.31 大于 0.05 不显著外，其他货币的系统都显著小于 0.05，并且 η^2 值除瑞士法郎兑美元汇率（CHF/USD）外，基本大于 0.1。这表明 CPI 对汇率有显著影响，即 CPI 资产组合平衡渠道对美元汇率影响显著。除瑞士法郎兑美元汇率（CHF/USD）外，VIX 对美元汇率的波动影响显著，且澳元兑美元汇率（AUD/USD）、加拿大元兑美元汇率（CAD/USD）、日元兑美元汇率（JPY/USD）的 η^2 在 0.2 左右，对汇率波动贡献较大，即 VIX 的资产组合平衡渠道作用明显。r 和 GDP 对美元汇率波动的影响基本上不显著，η^2 表明其对模型贡献也很小。

美国 QE 政策的实施对澳元兑美元汇率（AUD/USD）和日元兑美元汇率

（JPY/USD）汇率长期影响显著，而对欧元兑美元汇率（EUR/USD）、英镑兑
美元汇率（GBP/USD）、加拿大元兑美元汇率（CAD/USD）、挪威克朗兑美
元汇率（NOK/USD）、瑞士法郎兑美元汇率（CHF/USD）均无显著影响，即
美国 QE 货币政策事件本身对美元汇率的收益率水平影响不大。QE1 的实施
使得澳元（AUD）和日元（JPY）显著升值，而之后则实现了显著的下跌。
对比研究发现，日本和澳大利亚与中国和东南亚等新兴市场国家的经济联系
紧密，受到金融危机的影响相对较小，因而大量美元流入，导致本币升值。
欧元（EUR）、英镑（GBP）、挪威克朗（NOK）、瑞士法郎（CHF）均为发
达国家经济体货币，金融危机期间，欧债危机的爆发使得欧洲经济持续动荡，
大量资金流出，本币贬值压力增大。而加拿大与美国联系紧密，危机期间受
到的冲击较大。

2. 美国 QE 政策对金砖国家汇率的影响

QE 政策影响渠道在校正模型中 CPI 的系数除 INR 的 P 值为 0.16 大于
0.05 不显著外，其他货币的系统都显著小于 0.05。相对发达国家而言，金砖
国家 CPI 的 η^2 较小，资产组合平衡渠道影响显著，但贡献不大。VIX 的资产
组合平衡渠道对美元汇率也有显著影响（RMB 除外），其中 ZAR 和 BRL 受到
的影响最大，η^2 分别为 0.26 和 0.21。这两个国家分别为南美和非洲经济发
展最好，市场化程度最高的国家之一，VIX 指数波动剧烈时，国际避险资金
进入这两个国家进行资产配置。

值得注意的是金砖国家中印度卢比（INR）与南非兰特（ZAR）在 QE1
期间出现显著升值，而人民币（RMB）与巴西雷亚尔（BRL）在 QE1 实施期
间却出现了小幅贬值。通过多重比较（LSD）发现 QE1 实施期间，人民币
（RMB）出现贬值显著，巴西雷亚尔（BRL）无明显差异。本书认为金融危
机爆发初期我国采取了果断措施，并实施"四万亿"的经济刺激计划，在一
定程度上减缓了美国 QE1 的影响。然而美国 QE2 与 QE3 的实施却使得人民
币（RMB）与巴西雷亚尔（BRL）出现显著升值。

退出 QE 货币政策使得金砖国家的货币显著贬值，大量资金流出金砖国

家，流入美国。尤其自 2013 年 6 月以来，美联储退出 QE 预期增强，"金砖国家"的外汇市场开始持续波动。同年 8 月，印度卢比兑美元汇率（INR/USD）触及历史低位；南非兰特兑美元汇率（ZAR/USD）年内跌幅接近 17%；巴西雷亚尔兑美元汇率（BRL/USD）同期跌幅 15% 达到四年来的最低值；2014 年，俄罗斯卢布兑美元汇率（RUB/USD）的贬值幅度高达 49%；2015 年以来，人民币兑美元汇率（RMB/USD）在内外承压下一度逼近 2% 跌停位。

综上分析表明，长期内美国 QE 货币政策的实施使得大量带有风险的美元资本流出美国，流向世界各地，其中相当大的比例流入经济发展较快的金砖国家；而随着美国退出 QE 政策的实施，资金流向出现逆转，大量资金流出。金砖国家承担了更多美国 QE 货币政策带来的流动性风险，这与安辉、丁志龙、谷宇（2016）研究相吻合。

3.4　本章小结

美国 QE 货币政策从 2008 年 11 月开始实施，经历长达 5 年的大规模资产购买，通过短期与长期对黄金和美元汇率产生影响。本章通过梳理美国 QE 政策实施对黄金价格和美元汇率的影响的渠道，包括信号渠道、资产组合平衡渠道和流动性渠道，从长期和短期两个方面研究 QE 货币政策对黄金价格和美元汇率的影响。主要结论如下：

第一，研究了美国 QE 政策传导机理。美国 QE 货币政策影响黄金及美元汇率的渠道包括信号渠道、资产组合平衡渠道和流动性渠道。多重渠道相互作用共同影响了黄金与美元汇率的波动。

第二，采用事件研究法，以美国 QE 货币政策的实施与退出为关键事件点，构建事件模型全面分析了美国 QE 货币政策的实施与退出对黄金价格与美元汇率的影响。研究结果表明：美国 QE 货币政策的实施和退出对黄金价格和美元汇率有显著影响。其中，美国前三轮 QE 货币政策的实施使得黄金价格有显著的上涨，美元汇率有显著的下跌，尤其以 QE1 实施前后波动最为剧烈。QE 退出降低了市场的流动性和通货膨胀预期，投资者对美国经济转好的信心增强，美元升值压力增大，进而黄金价格显著下跌。

第三，本章采用滚动回归的方法分析了金融危机前后黄金价格与其影响变量之间的长期动态演变过程，结果表明美国 QE 货币政策的实施导致美国股票指数、美元汇率、VIX、美国联邦基金率对黄金价格的作用关系是时变的。道琼斯股价指数与黄金价格由 QE 政策实施之前的替代关系变成互补关系，美国 QE 货币政策退出之后又转变为替代关系。而汇率对黄金价格负向的影响在 QE 货币政策期间基本稳定，反映出美国 QE 政策的实施导致美元下跌进而使得黄金标价上升。随着金融市场功能逐渐得到恢复，美国经济也开始全面好转，因此 2013 年之后，上述变量对黄金价格的影响基本恢复到美国 QE 之前的水平，而此时黄金价格也开始大幅回落。

第四，本章采用协方差分析的方法研究了金融危机前后美国 QE 货币政策对美元汇率的长期影响，结果表明 QE 货币政策通过 CPI 和 VIX 资产组合平衡渠道影响显著。美国 QE 政策事件本身长期内对金砖国家的汇率影响显著，并且美元兑人民币汇率受到的影响最大。随着金融市场功能逐渐得到恢复，美国经济也开始全面好转，因此 2013 年之后，美国逐步退出 QE 政策。这又导致金砖国家大量资本外流，汇率出现大幅贬值，金融风险加大。

第4章

美国 QE 政策视角下黄金与美元
汇率相依关系测度

风险对冲可以分为一般市场情况下的对冲和极端市场情况下的对冲。由于黄金与美元汇率波动的相互影响，它们之间并不独立，要对二者进行组合对冲，有必要先验证黄金与美元汇率存在何种市场状态下对冲关系。Copula 模型通过对变量的联合概率分布进行建模，可以测度变量间平均意义上的相依关系和尾部相依关系，进而可以验证黄金与美元汇率是一般市场状况下的对冲或极端市场状况下的对冲。首先，本章基于 Copula 模型从联合概率分布角度提出黄金与美元汇率对冲关系的理论假设，并对黄金与美元汇率的相依结构进行实证检验，进而验证黄金与美元汇率的对冲关系及其动态变化过程。其次，由于金融危机期间历次 QE 政策的实施都引起黄金价格与美元汇率的剧烈波动，黄金与美元汇率的对冲关系也可能随之发生改变。因此本章对美国 QE 政策不同阶段黄金与美元汇率相依关系的变化情况进行了研究。

4.1 模型假设与数据选取

本节首先采用 Copula 模型从联合概率分布角度对黄金与美元汇率的对冲

及避险关系提出理论假设。其次对黄金与美元汇率数据进行初步的统计分析，为后续实证检验和模型选择奠定理论基础和经验依据。

4.1.1　模型假设

资产之间的对冲关系包括两个方面，即资产间的无关或负相关是在平均意义上成立还是在极端市场条件下成立。Copula 函数可以对随机变量的联合分布进行建模，进而得到平均相关和尾部的相关性（极端市场环境下），这为验证黄金和美元汇率对冲关系提供了方法论基础。因此检验资产间的对冲关系可以通过测度两个或多个随机变量之间的相依结构，进而考察这种关系是在平均意义上成立还是在极端市场条件下成立。

Copula 函数一个显著的特点是尾部相依性，其可以测量两个变量同时出现极大值或极小值的联合分布概率。因此其可以作为测量两个变量同时上升或下降的可能性的方法。两个变量 X 和 Y 的上尾部和下尾部相依系数可以被表示为如下的 Copula 函数：

$$\lambda_U = \lim_{u \to 1} Pr\left[X \geqslant F_X^{-1}(u) \mid Y \geqslant F_Y^{-1}(u) \right] = \lim_{u \to 1} \frac{1 - 2u + C(u,u)}{1 - u} \quad (4.1)$$

$$\lambda_L = \lim_{u \to 1} Pr\left[X \leqslant F_X^{-1}(u) \mid Y \leqslant F_Y^{-1}(u) \right] = \lim_{u \to 1} \frac{C(u,u)}{u} \quad (4.2)$$

其中，F_X^{-1} 和 F_Y^{-1} 是边际分位数函数，并且 λ_U，$\lambda_L \in [0,1]$。如果 $\lambda_L > 0$（$\lambda_u > 0$），则两个随机变量存在下尾部（上尾部）相依性，表明存在非零概率。观测到一个变量出现极小（极大）值，另一个变量也同时出现极小（极大）值。

Copula 函数同时提供了两个变量在平均意义上和在极端市场情况下的相依性信息。平均意义上的相依性（线性相关系数、Spearman 系数和 Kendall 系统）可以由 Copula 函数相依参数得到。极端市场情况下的相依性可以通过由式（4.1）与式（4.2）给出的 Copula 尾部相依参数得到。依据 Copula 相依性信息，我们可以提出两个假设，从而验证黄金与美元汇率在不同市场环境下的对冲关系：

假设 H_0：$\rho > 0$ 或 $\rho < 0$ 平均意义上的对冲关系。

假设 H_1：$\lambda_U > 0$，$\lambda_L > 0$ 或 $\lambda_U < 0$，$\lambda_L < 0$ 极端市场条件下的对冲关系。

其中，ρ 是测量黄金与美元平均意义上相依关系的指标。因此，如果假设 H_0 成立，则黄金与美元汇率在一般市场环境下存在对冲关系。类似的，如果假设 H_1 成立，则黄金与美元汇率在极端市场条件下存在对冲关系。由于本书采用的 Copula 函数在测度正相依性优势突出，因此本书美元汇率采用直接标价法即"美元/外币"，当美元汇率上升表示贬值，汇率下降表示美元升值。美元汇率风险是双向的，不仅有极端状况下贬值风险而且也有升值风险。当极端市场条件下美元贬值时黄金价格上升即 $\lambda_U > 0$，或者当极端市场条件下美元升值时黄金价格下降即 $\lambda_L > 0$，则说明黄金与美元汇率在极端条件下的对冲关系存在。同理当 $\lambda_U < 0$、$\lambda_L < 0$ 时，极端条件下的对冲关系存在。

4.1.2 数据选取与描述统计

为保持数据的一致性，本书选取 2005 年 8 月 1 日至 2015 年 11 月 30 日且所有数据都有交易日的数据集进行分析。黄金的计价单位为"美元/盎司"，汇率的采用直接标价法即"美元/外币"，因此汇率上升表明美元贬值。代表发达国家经济体的货币主要有：澳元（AUD）、英镑（GBP）、欧元（EUR）、加拿大元（CAD）、日元（JPY）、瑞士法郎（CHF）、挪威克朗（NOK）。代表发展中国家经济体的货币采用金砖五国（BRICS）货币分别为：巴西雷亚尔（BRL）、俄罗斯卢布（RUB）、印度卢比（INR）、人民币（RMB）、南非兰特（ZAR）。这些国家基本上包括了世界最主要的经济体和国际外汇交易市场。此外本书采用美元指数（EI）综合分析黄金和美元汇率的相依性。黄金现货市场价格采用伦敦黄金市场按美元计算的上午定盘价（GOLD）。

　　图 4.1 展示了样本期间的黄金与不同货币汇率的变动趋势。当黄金价格上涨时，美元对不同国家货币的汇率则出现不同程度的贬值。随着 2008 年以后金融危机的不断蔓延，黄金与美元兑主要货币反向变动趋势更加明显，因此将黄金作为对冲资产成为可能。

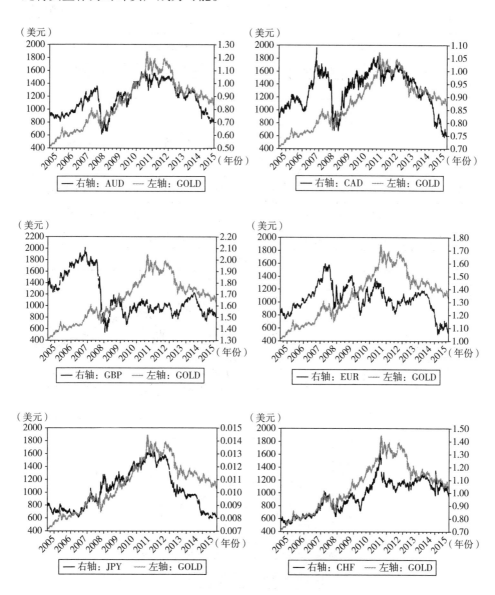

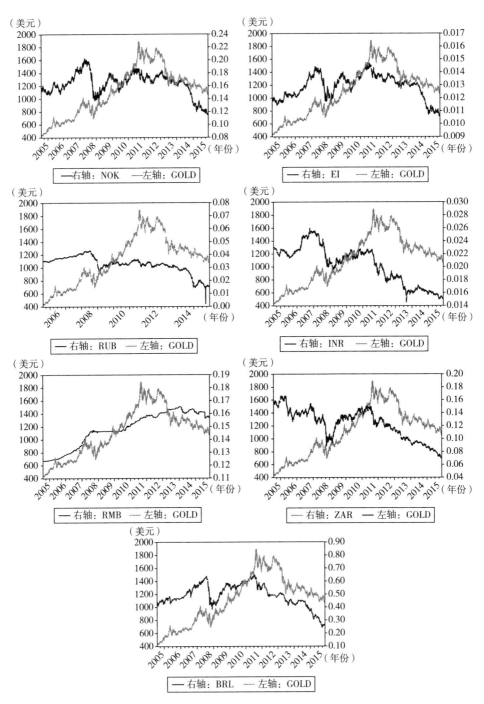

图 4.1　黄金价格及美元汇率走势

通过样本数据，计算各价格序列的对数收益率 R_t 并对收益率序列进行单位根检验以检验其是否具有平稳性。

$$R_t = 100 \times (\ln(P_{t+1}) - \ln(P_t)) \tag{4.3}$$

其中，P_t 表示该种资产在 t 时刻的价格，R_t 表示对数收益率。在此基础上对收益率序列进行单位根检验是否具有平稳性，并进一步通过 JB 检验收益率序列分布是否服从正态分布：

$$JB = \frac{n}{6}\left[S^2 + \frac{K-3}{24}\right] \tag{4.4}$$

其中，n 为样本容量，S 为偏度，K 为峰度。在正态分布假设下，JB 统计量服从 $\chi^2(2)$ 分布，其值越大，落在接受域内的概率值就越小。

表 4.1 展示了黄金和美元收益率统计特征和随机波动特征，所有序列的均值基本都为 0，相对于其标准差而言，取值都非常小，表明数据没有显著的趋势特征。最大值与最小值的差值反映出，除美元兑俄罗斯卢布汇率（USD/RUB）外，黄金具有更大的波动性。大多数序列为负偏：黄金（GOLD）、美元兑澳元汇率（USD/AUD）、美元兑加拿大元汇率（USD/CAD）、美元兑英镑汇率（USD/GBP）、美元兑日元汇率（USD/JPY）、美元兑瑞士法郎汇率（USD/CHF）、美元兑巴西雷亚尔汇率（USD/BRL）、美元兑俄罗斯卢布汇率（USD/RUB）、美元指数（EI）。另外一部分序列为正偏：美元兑欧元汇率（USD/EUR）、美元兑挪威克朗汇率（USD/NOK）、美元兑印度卢比汇率（USD/INR）、美元兑人民币汇率（USD/RMB）、美元兑南非兰特汇率（USD/ZAR）。所有序列数据均为尖峰分布，峰度系数取值分布范围

表 4.1　　　　　　　　　　　　　美元汇率统计

统计指标	GOLD	USD/AUD	USD/CAD	USD/GBP	USD/EUR	USD/JPY	USD/CHF	USD/NOK	USD/BRL	USD/RUB	USD/INR	USD/RMB	USD/ZAR	USD/EI
均值	0.00	0.00	0.00	0.00	0.00	0.00	0.00	0.00	0.00	0.00	0.00	0.00	0.00	0.00
中位数	0.00	0.00	0.00	0.00	0.00	0.00	0.00	0.00	0.00	0.00	0.00	0.00	0.00	0.00
最大值	0.10	0.08	0.04	0.04	0.05	0.03	0.09	0.05	0.08	1.99	0.05	0.02	0.08	0.02

统计指标	GOLD	USD/AUD	USD/CAD	USD/GBP	USD/EUR	USD/JPY	USD/CHF	USD/NOK	USD/BRL	USD/RUB	USD/INR	USD/RMB	USD/ZAR	USD/EI
最小值	-0.09	-0.08	-0.05	-0.05	-0.03	-0.05	-0.18	-0.06	-0.10	-2.00	-0.04	-0.01	-0.06	-0.04
标准差	0.01	0.01	0.01	0.01	0.01	0.01	0.01	0.01	0.01	0.06	0.01	0.00	0.01	0.00
偏度	-0.43	-0.69	-0.09	-0.30	0.18	-0.34	-4.20	0.03	-0.07	-0.30	0.30	1.64	0.24	-0.38
峰度	8.58	15.95	8.71	9.20	6.02	8.31	113.48	6.75	13.98	948.58	11.08	35.17	6.86	7.43
ADF	0.01	0.01	0.01	0.01	0.01	0.01	0.01	0.01	0.01	0.01	0.01	0.01	0.01	0.01
JB	0.00	0.00	0.00	0.00	0.00	0.00	0.00	0.00	0.00	0.00	0.00	0.00	0.00	0.00

注：JB 检验拒绝正态分布假设，表明数据为尖峰厚尾的偏态分布。

从 6.02 到 948.58，从而表明边缘分布存在厚尾现象，或者说极值出现的概率较大。ADF 检验 P 值都小于 0.05，拒绝单位根假设，因此收益率序列为平稳序列。通过 JB 正态性检验得到黄金及美元汇率数据拒绝了正态分布假设，因此数据组为尖峰厚尾的偏态分布。根据已有研究，金融数据多为尖峰厚尾分布，可以用 t 分布拟合，同时考虑到本书数据为偏态分布，因此可以考虑采用偏态 t 分布。

4.2　美国 QE 政策期间黄金与美元汇率相依关系实证检验

依据上节数据描述性分析反映出的数据分布特点，本节首先采用偏态 t 分布时间序列模型对黄金与美元汇率数据的边缘分布进行拟合。在此基础上分别采用不同 Copula 模型对黄金与美元汇率的相依结构进行测度，进而验证在美国 QE 政策期间黄金与美元汇率在不同市场条件下的对冲关系。

4.2.1　模型设定

4.2.1.1　边缘分布函数

因为金融时间序列数据具有尖峰厚尾、杠杆效应和自相关的特征，因此我们采用 GJR 模型，该模型相比其他 GARCH 模型有诸多优势（Glosten et al.，1993）。为了获取黄金与美元之间如表 4.1 所示的最重要特征，边际分布定义为 AR（1）－GJR（1，1）－skewed－t 模型。该模型表示如下，其中 i 为黄金及美元汇率。

$$R_{i,t} = \mu_i + \varphi_i R_{i,t-1} + \epsilon_{i,t} \tag{4.5}$$

$$\epsilon_{i,t} = \sigma_{i,t} z_{i,t} \tag{4.6}$$

$$\sigma_{i,t}^2 = \omega_i + \alpha_{i,1} \epsilon_{i,t-1}^2 + \beta_i \sigma_{i,t-1}^2 + \sigma_{i,2} I_{i,t-1} \epsilon_{i,t-1}^2 \tag{4.7}$$

$$z_{i,t} \sim skewed-t(z_i | \eta_i, \varphi_i) \tag{4.8}$$

式（4.5）将收益率序列分解为一个常数 μ_i，$R_{i,t}$ 的一阶滞后控制资产收益率的一阶自相关问题，和一个随机误差项 $\epsilon_{i,t}$。式（4.6）将随机误差定义为条件方差和新息的乘积。式（4.7）中的杠杆项可以获得杠杆效应，当 $\epsilon_{i,t-1}$ 为负时 $I_{i,t-1}$，否则 $I_{i,t-1} = 0$。已有研究认为一阶滞后的 GARCH 模型族可以有效地描述资产收益率的波动集聚效应，因此本书 AR 的阶数和 GJR 模型的滞后阶数都设定为 1。假设标准化的残差服从偏态 t 分布如式（4.8）所示。偏态 t 分布的密度函数是正态分布和学生 t 分布的扩展。由于正态分布的假设条件严格，现实中对正态分布两个主要的偏离分别是厚尾性和不对称性（正态分布的峰度和偏度分别为 3 和 0）。虽然学生 t 分布密度函数可以捕捉到数据的尖峰特征，但是偏态 t 分布可以同时捕捉到偏度和峰度特征。因为表 4.1 反映出黄金与美元汇率数据同时具有尖峰厚尾特征和偏态分布特征，因此偏态 t 分布可以更精确的描述资产的分布状况。

偏态 t 分布的密度函数为：

$$skewed-t(z|\eta,\phi) = \begin{cases} bc\left[1+\dfrac{1}{\eta-2}\left(\dfrac{bz+a}{1-\phi}\right)\right]^{-\eta+1/2}, z < -\dfrac{a}{b} \\ bc\left[1+\dfrac{1}{\eta-2}\left(\dfrac{bz+a}{1+\phi}\right)^2\right]^{-\eta+1/2}, z \geq -\dfrac{a}{b} \end{cases} \tag{4.9}$$

其中，a，b 和 c 的值定义为：

$$a \equiv 4\phi c \frac{\eta-2}{\eta-1}, b \equiv 1+3\phi^2-a^2, c \equiv \frac{\Gamma(\eta+1/2)}{\sqrt{\pi(\eta-2)}\Gamma(\eta/2)} \tag{4.10}$$

其中，η 是峰度系数（峰度系数可以同时测量分布的尖峰特征和厚尾特征），ϕ 为不对称参数，其参数取值范围为 $2 < \eta < \infty$ 且 $-1 < \phi < 1$。当 $\phi = 0$ 时，可以得到正态分布；当 $\phi = 0$ 且 $\eta \to \infty$ 时可以得到学生 t 分布；当 $\eta > 3$ 时则为偏态分布；只有当 $\eta > 4$ 时才存在尖峰分布。在 $\phi > 0$ 的情况下密度函数模型为右偏分布，$\phi < 0$ 则为左偏分布。

4.2.1.2　Copula 函数

Copula 函数的定义对于决定黄金与美元汇率在不同市场条件下对冲关系是非常关键的。因此本书分别采用 Gaussian-Copula、t-Copula、Clayton-Copula 和 SJC-Copula 函数对黄金与美元汇率相依关系进行测度，以便捕捉到不同的相依结构和尾部相依性。

金融危机期间，由于金融事件和政策变动频繁，人们的风险偏好也会随之迅速改变。因此本书采用动态 Gaussian-Copula 和 t-Copula，考察黄金与美元汇率在金融危机期间的动态关系。对于动态 Gaussian-Copula 和 t-Copula，定义其线性相依系数 ρ_t 随时间的变化而改变，具体采用 DCC（1，1）模型：

$$Q_t = (1 - \bar{\alpha} - \bar{\beta}) \bar{Q} + \bar{\alpha} \xi_{t-1}^T + \bar{\beta} Q_{t-1} \tag{4.11}$$

$$\rho_t = Q_t^{*-1} Q_t Q_t^{*-1} \tag{4.12}$$

其中，Q_t 是残差向量 ξ_t 一阶标准差的协方差矩阵，$\bar{Q}$ 是无条件协方差阵。Q_t^* 为对角线 Q_t 平方根的方差矩阵。

本书采用 Kendall τ 系数作为测量变量之间关系的主要方法，其可以捕捉到线性相关系数无法测度的非线性相依性。正如上文我们的论述，Gaussian Copula 和 t-Copula 累积概率分布函数中只有线性相关系数 ρ_t。因此，对 DCC-Gaussian-Copula 和 DCC-t-Copula 定义线性相关系数 ρ_t 和非线性相关系数 τ_t 之间的关系为 $\tau_t = (2/\pi) \sin^{-1}(\rho_t)$（Wen et al.，2012）。

4.2.2　静态相依关系测度

Copula 函数的估计步骤具体包括：第一，利用拟合的边缘分布模型结果进行滤波，得到相应的残差序列；第二，候选 Copula 模型选择；第三，Copula 函数的参数估计；第四，拟合优度检验，包括 AIC、BIC 检验等。

4.2.2.1　边缘模型估计

表 4.2 为黄金和美元汇率的偏态 t 分布 AR（1）– GJR（1，1）拟合模型结果。首先，AR（1）项 φ_i，在均值方程中黄金（GOLD）、美元兑澳元汇率（USD/AUD）、美元兑英镑汇率（USD/GBP）、美元兑日元汇率（USD/JPY）、美元兑瑞士法郎汇率（USD/CHF）显著，美元兑加拿大元汇率（USD/CAD）、美元兑欧元汇率（USD/EUR）、美元兑挪威克朗汇率（USD/NOK）、美元指数（EI）不显著。其次滞后的方差波动项系数 β_i 显著，说明 t 期的波动依赖于 $t-1$ 期。残差的滞后平方项系数 $\alpha_{i,1}$ 显著，表明收益率的波动受到 $t-1$ 期信息的影响。黄金（GOLD）、美元兑澳元汇率（USD/AUD）、美元兑加拿大元汇率（USD/CAD）、美元兑英镑汇率（USD/GBP）、美元兑欧元汇率（USD/EUR）、美元指数（EI）的系数 $\alpha_{i,2}$ 显著，说明存在杠杆效应。峰度系数 η_i 显著，且都大于 5，而美元兑澳元汇率（USD/AUD）、美元兑英镑汇率（USD/GBP）、美元兑瑞士法郎汇率（USD/CHF）、美元兑挪威克朗汇率（USD/NOK）偏度系数 ϕ_i 显著，进一步说明数据是偏态的尖峰厚尾分布。

由于建立 Copula 模型需依赖于建立正确的边缘分布模型，如果边缘分布模型设定错误并且用于估计边缘分布，则概率积分转换将不再是均匀分布（0，1），并且 Copula 模型也将被错误地设定（Andrew，2006）。因此我们采用 K – S 检验，以验证边缘分布的适用性。这里 K – S 检验的零假设为"变换后的序列服从（0，1）均匀分布"，表 4.2 中 K – S 检验 P 值大于 0.05 表明各序列均无法拒绝零假设，说明 AR（1）– GJR（1，1）– skewed – t 模型可以准确描述美元汇率和黄金价格的条件边缘分布，Copula 模型可以正确捕捉黄金和美元汇率之间的相依性。

表4.2				偏态 t 分布 AR（1）－GJR（1，1）模型参数					
汇率	μ_i	φ_i	ω_i	$\alpha_{i,1}$	β_i	$\alpha_{i,2}$	η_i	ϕ_i	K－S
GOLD	0.00 **	－0.03 *	0.00 ***	0.07 ***	0.94 ***	－0.04 ***	6.15 ***	－0.05	0.90
USD/AUD	0.00	－0.04 **	0.00 ***	0.07 ***	0.95 ***	－0.05 ***	9.14 ***	0.16 ***	0.94
USD/CAD	0.00	－0.02	0.00 **	0.05 ***	0.95 ***	－0.01	8.33 ***	0.03	0.22
USD/GBP	0.00	－0.02 *	0.00 ***	0.05 ***	0.97 ***	－0.05 ***	11.34 ***	0.08 **	0.85
USD/EUR	0.00 *	0.00	0.00 ***	0.05 ***	0.87 ***	0.15 ***	7.04 ***	0.00	0.09
USD/JPY	0.00	－0.03 **	0.00	0.04 ***	0.95 ***	0.01	5.07 ***	－0.02	0.95
USD/CHF	0.00	－0.03 *	0.00 **	0.05 ***	0.95 ***	－0.02	5.79 ***	－0.08 ***	0.94
USD/NOK	0.00	－0.02	0.00 *	0.05 ***	0.96 ***	－0.02	9.60 ***	0.06 ***	0.59
USD/BRL	0.00	0.01	0.00 ***	0.17 ***	0.88 ***	－0.11 ***	8.98 ***	0.09 ***	0.62
USD/RUB	0.00	0.02	0.00 *	0.50 ***	0.71 ***	－0.13	3.17 ***	0.00	0.07
USD/INR	0.00 *	－0.08 ***	0.00 ***	0.14 ***	0.89 ***	－0.05 **	4.01 ***	0.08 ***	0.76
USD/RMB	0.00	－0.08 ***	0.00	0.11 ***	0.86 ***	0.16 *	2.74 ***	－0.02	1.00
USD/ZAR	0.00 **	0.01	0.00 ***	0.08 ***	0.94 ***	－0.07 ***	19.80 ***	0.11 ***	0.94
EI	0.00	－0.00	0.00 ***	0.05 ***	0.79 ***	0.15 ***	6.64 ***	－0.01	0.09

注：*、**、*** 分别表示在 10%、5% 和 1% 水平上显著。K－S 检验 P 值大于 0.05，表明 AR（1）－GJR（1，1）－skewed－t 模型可以准确描述数据的条件边缘分布。

4.2.2.2 Copula 模型估计

表 4.3 为不同 Copula 函数的估计结果。除美元兑俄罗斯卢布汇率（USD/RUB）外，不同 Copula 模型的估计结果中，Gaussian-Copula 和 t-Copula 函数的参数 ρ 在 1% 水平下显著为正且相关系数比较接近都在 0.2 左右，证明黄金为美元汇率在一般市场条件下存在对冲关系。Clayton-Copula 参数除美元兑俄罗斯卢布汇率（USD/RUB）外，RUB 外 θ 系数显著，说明存在下尾部相依性；而且同时测量上下尾部相依性的 SJC-Copula 除美元兑日元汇率（USD/JPY）和美元兑巴西雷亚尔汇率（USD/BRL）外的 λ 系数显著，表明黄金与美元汇率在极端市场条件下存在对冲关系。此外，SJC-Copula 的上下尾部相依系数 λ_U 和 λ_L 值大小基本相等，因此黄金在美元汇率上涨和下跌时都存在对冲关系。

表 4.3　黄金与美元汇率 Copula 模型估计

Copula	指标	G-USD/AUD	G-USD/CAD	G-USD/GBP	G-USD/EUR	G-USD/JPY	G-USD/CHF	G-USD/NOK	G-USD/BRL	G-USD/RUB	G-USD/INR	G-USD/RMB	G-USD/ZAR	G-USD/EI
Gaussian	ρ	0.25 ***	0.25 ***	0.22 ***	0.27 ***	0.10 ***	0.26 ***	0.27 ***	0.13 ***	-0.04 *	0.21 ***	0.18 ***	0.21 ***	0.29 ***
	LL	82.35	81.41	63.96	97.24	13.84	86.63	95.11	23.17	1.304	57.21	41.02	57.59	113.90
t	ρ	0.25 ***	0.25 ***	0.22 ***	0.27 ***	0.10 ***	0.26 ***	0.27 ***	0.13 ***	-0.04 *	0.22 ***	0.19 ***	0.21 ***	0.29 ***
	df	12.42 ***	23.26	26.80 ***	33.64	20.59 *	18.37 ***	15.88 ***	14.23 ***	30.83	11.06 ***	19.00 ***	11.16 ***	19.20 ***
	LL	89.96	83.65	65.59	98.06	16.43	89.37	99.59	29.26	2.39	66.86	44.29	67.64	116.91
Clayton	θ	0.12 ***	0.11 ***	0.10 ***	0.13 ***	0.05 ***	0.11 ***	0.13 ***	0.07 ***	0.00	0.12 ***	0.08 ***	0.10 ***	0.14 ***
	LL	70.23	57.34	46.15	68.42	11.04	54.44	79.09	21.28	0.05	60.75	27.95	43.48	85.29
SJC	λ_U	0.08 ***	0.10 ***	0.07 ***	0.11 ***	0.01	0.13 ***	0.09 ***	0.02	0.00 ***	0.02	0.05 ***	0.08 ***	0.13 ***
	λ_L	0.10 ***	0.06 ***	0.05 ***	0.08 ***	0.01	0.05 ***	0.10 ***	0.02	0.00 ***	0.11 ***	0.02	0.04 **	0.11 ***
	LL	89.73	82.74	64.18	97.23	16.60	93.31	100.70	27.34	-0.57	64.63	38.88	65.69	116.79
DCC-Gaussian	α	0.01	0.01	0.01	0.02	0.01 *	0.00 *	0.01	0.01	0.00	0.03 ***	0.02 ***	0.02 ***	0.01
	β	0.92 ***	0.94 ***	0.95 ***	0.91 ***	0.99 ***	0.99 ***	0.97 ***	0.85 ***	0.98 ***	0.96 ***	0.94 ***	0.94 ***	0.90 ***
	LL	84.69	82.56	64.58	100.26	24.68	88.72	97.73	24.07	1.67	79.26	50.83	65.23	115.83
DCC-t	α	0.02 **	0.01	0.01	0.02	0.01 **	0.01 **	0.01 *	0.01	0.00	0.03 ***	0.02 ***	0.02 ***	0.01
	β	0.92 ***	0.94 ***	0.95 ***	0.92 ***	0.99 ***	0.99 ***	0.96 ***	0.87 ***	0.98 ***	0.95 ***	0.95 ***	0.95 ***	0.92 ***
	df	12.23 ***	22.45	27.02 ***	34.92	20.37 ***	19.36 ***	17.01 ***	14.10 ***	32.22	12.08 ***	24.03 ***	11.67 ***	18.90 ***
	LL	92.73	85.03	66.20	101.18	27.59	91.72	101.92	30.37	2.67	87.72	53.30	74.30	118.97

注：表中圆括号中为标准差，*、**、*** 分别表示在 10%、5% 和 1% 水平上显著。Gaussian 系数 ρ 显著表明黄金可以对冲平均市场风险，Clayton 系数 θ 和 SJC 系数 λ_U、λ_L 显著表明黄金可以对冲极端市场风险。LL 检验表明可以同时测度平均对冲和极端市场对冲的动态 DCC-t-Copula 模型为最优拟合模型。

对称的时变 Copula（DCC-Gaussian-Copula，DCC-t-Copula）参数 β 在 1% 下显著，表明相依程度是时变的，因此常系数 Copula 模型则不能充分描述市场间的相依性。$\alpha+\beta$ 值在所有市场中接近（但是小于）1，这表明高的持续性意味着冲击可以导致相关偏离长期平均水平，当新息冲击时，相关性的波动性更剧烈。综合以上分析，并结合 LL 系数值，我们认为同时测度尾部相依性、一般相关关系和动态关系的 DCC-t-Copula 可以更好地反映黄金与美元汇率之间的相依结构。因此黄金在一般市场条件下和极端市场条件下都可以作为美元的对冲资产，而且其对冲关系在金融危机期间是时变的。

4.2.3　动态相依关系检验

金融危机期间及 QE 政策实施之后黄金与美元汇率相依性增强。对数据拟合偏态 t 分布 AR（1）- GJR（1，1）-DCC-t-Copula 模型得到时变的 t-Copula 值，反映了黄金与美元汇率对冲关系的动态变化过程（见图 4.2）。可以看到，2008 年金融危机后美元汇率与黄金价格之间的正相关性增大，说明在危机爆发时黄金对冲美元汇率风险特征增强。同时 QE1 至 QE3 期间历次 QE 货币政策的实施之后，黄金与美元汇率的相依系数都出现上升趋势，在一定程度上反映出美国 QE 货币政策对黄金与美元汇率的相依系数产生影响。黄金与美元汇率相依关系动态变化的具体原因分析如下：

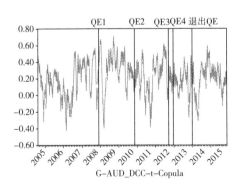

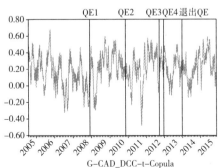

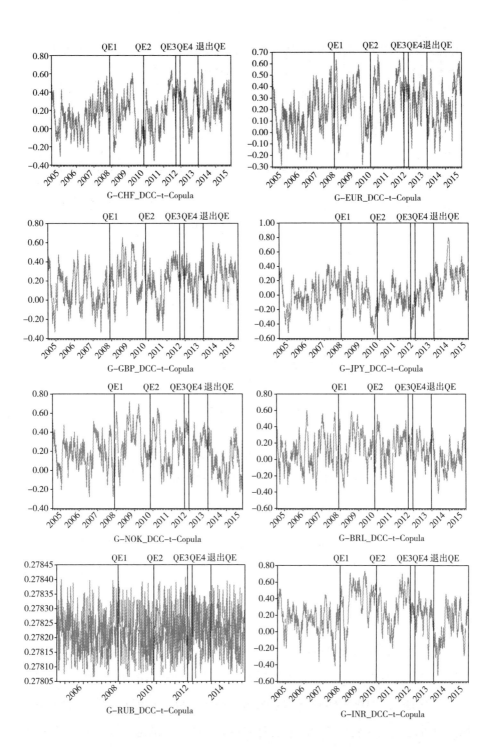

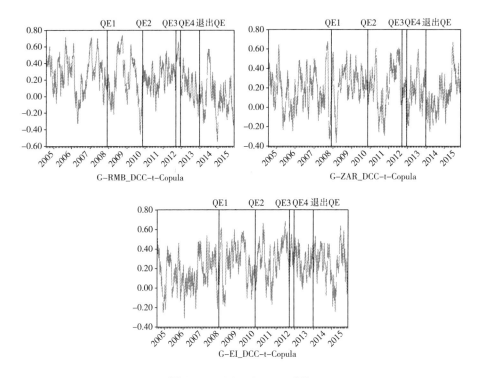

图 4.2　DCC-t-Copula 系数

注：本图表明长期方面，黄金与美元汇率间的对冲关系对应着黄金的根本属性——信用对冲；短期方面，市场恐慌情绪和风险偏好是影响黄金与美元溢出效应短期波动的核心因素；美国 QE 货币政策的实施，使得市场恐慌及避险情绪上升，黄金与美元汇率相依关系增强。

1. 长期方面

黄金与美元汇率间的对冲关系对应着黄金的根本属性——信用对冲（见图 4.2）。这一属性表现为实体信用和货币信用反相关，其中实体信用反映了美国经济发展状况的好坏，货币信用反映了全球信用货币制度下货币体系的稳固性。具体而言，也就是美国实体经济增长状况和美元体系的稳固性是驱动黄金与美元长期对冲效应的根本因素。这是因为当美国经济增长较快、发展较好时，持有黄金资产的收益将被潜在经济增速带来的较高的机会成本和利息损失削弱。美国实体经济的繁荣将支撑美元体系的平稳运行，美元处于强势货币地位，黄金对美元汇率的对冲效应下降。而随着实体经济增长乏力，黄金资产的相对收益逐渐显露，最终在全球货币信用和实体信用恶化驱动下，黄金资产价值将得以凸显，对冲效应增强。

同时由图4.2可以看出总体趋势上2008年金融危机后到2012年，美元汇率与黄金正向相依性增大；2013年之后黄金与美元相依性逐渐下降。2008年金融危机后，美国经济出现严重衰退，经济增长速度一度为负。为了提振国内经济，美联储实施了多轮 QE 货币政策，美元信用风险大幅增加，因此黄金对冲美元信用风险的功能凸显。2013年后，美国经济逐渐走出衰退，实现经济复苏。这意味着在美国实体经济增长旺盛、美元体系稳固的阶段，黄金的信用对冲特征暂时弱化，所以此时黄金和美元汇率之间的相依性下降[①]。

2. 短期方面

市场恐慌情绪和风险偏好是影响黄金与美元溢出效应短期波动的核心因素。在避险需求的层面上，短期内，美元与黄金之间存在着隐性的替代关系，并且在市场运行的不同阶段，该替代关系的表现形式有所差异。如果美国国内经济增长乏力甚至衰退，则黄金和美国国债将会成为市场投资者的主要避险资产；相反，则美元将会受到投资者更多青睐。这种替代关系在美元信用风险增大，市场恐慌情绪到达一定程度后将会进一步增强，此时黄金与美元的风险溢出效应增大。图4.2显示出黄金与美元汇率短期的溢出效应出现了不同程度的剧烈波动。2008年金融危机以及美国 QE 货币政策的实施，使得市场恐慌加剧，避险情绪增加，黄金与美元汇率的相依系数都出现上升趋势即增加了黄金与美元汇率的风险溢出。而2014年之后美国进入加息过程，大量资本从经济增长乏力的欧洲及新兴市场国家流入美国。欧元及英镑等兑美元利率出现大幅贬值，避险情绪增加，黄金与美元汇率风险溢出上升。

---

① 由于日元也是重要的国际货币之一，其与美元有着较高的替代性，尤其是在金融危机期间美国和欧洲经济都出现严重衰退的情况下，日元则具有与黄金类似的避险属性。因此黄金与日元（JPY）的波动溢出效应在2008~2012年下降，而之后出现上升的情况。

4.3 美国 QE 政策不同阶段黄金与美元汇率相依关系实证检验

已有研究证明市场变化对收益率波动和相依性有显著影响，最典型的为波动性和相依性在市场下行时都会增加（称为杠杆效应）。美国 QE 货币政策对黄金和美元汇率产生了不同的影响，主要表现为 QE 货币政策期间黄金价格飙升和美元汇率暴跌。为此有必要进一步分析美国 QE 政策不同阶段黄金与美元汇率的相依结构变化情况，为在不同市场环境下黄金与美元汇率投资组合奠定理论基础和经验支持。

4.3.1 模型设定

上节实证结构表明 DCC-t-Copula 函数可以准确描述黄金与美元汇率的对冲关系。第 3 章研究已经证明美国 QE 政策的实施对黄金与美元汇率产生了显著影响，而金融市场的剧烈波动有可能改变金融变量间的相依关系。因此为了更清楚准确地反映在美国 QE 货币政策不同阶段黄金与美元汇率之间相依性是否存在显著差异，本书采用单因素方差分析方法建模进行统计检验。由于在本章第 4.2 节相依性研究中，已经分别对每个变量建立了模型，然后将拟合模型后的残差进行动态相依性建模。因此 DCC-t-Copula 相依系数在一定程度上已经剔除了其他因素影响，可以考虑采用以美国 QE 货币政策为因子变量，黄金与美元汇率 DCC-t-Copula 动态相依系数为因变量进行单因素方差分析，检验黄金对冲美元汇率的功能是否存在显著差异。假设检验模型如下：

H_0：$QE_i = 0$，即黄金对冲美元汇率的功能在 QE 政策各阶段不存在差异。

H_1：$QE_i \neq 0$，即黄金对冲美元汇率的功能在 QE 政策各阶段差异显著。

如果原假设 H_0 不能被拒绝，即美国 QE 政策不同阶段黄金与美元汇率相依关系相等，从而证明美国 QE 政策变量对黄金对冲美元汇率功能影响不显著；如果拒绝原假设 H_0，接受备择假设 H_1，则表明美国 QE 政策对黄金与美元汇率对冲关系存在显著影响。

4.3.2 实证检验

本节实证研究内容所采用数据为上节内容实证得出的 2005 年 8 月 1 日至 2015 年 11 月 30 日黄金与美元汇率的 DCC-t-Copula 相依系数。根据表 4.4 的方差分析表可知，统计量 F 值非常大，而且其相应 P 值基本接近于 0，拒绝原假设，表明各 QE_i 水平下的黄金与美元汇率的动态相依系数不完全相等。从而证明美国 QE 货币政策的实施对黄金与美元汇率的相依关系有显著影响。

美国 QE 政策实施导致黄金与美元汇率正相依程度增强。图 4.3 表明除了美元兑日元汇率（USD/JPY）之外，美国 QE 货币政策的实施不同程度的导致黄金与美元兑其他国家货币汇率正相依程度增强。在美国 QE 货币政策实施期间，美元信用风险增大，市场恐慌及避险情绪上升，各国央行和投资者可以将黄金作为对冲资产规避其政策风险。通过 LSD 多重比较发现，除美元兑俄罗斯卢布汇率（USD/RUB）、美元兑人民币汇率（USD/RMB）、美元兑日元汇率（USD/JPY）外，QE1、QE2 和 QE3 的实施显著提高了黄金与美元汇率的相依度。除美元兑英镑汇率（USD/GBP）、美元兑日元汇率（USD/JPY）、美元兑俄罗斯卢布汇率（USD/RUB）外，退出 QE 政策的实施则显著增强了黄金与美元汇率之间的负相依程度，即黄金与美元汇率之间的对冲性下降。

表 4.4　单因素方差分析

统计量	G – USD/ AUD	G – USD/ CAD	G – USD/ GBP	G – USD/ EUR	G – USD/ JPY	G – USD/ CHF	G – USD/ NOK	G – USD/ EI	G – USD/ BRL	G – USD/ RUB	G – USD/ INR	G – USD/ RMB	G – USD/ ZAR
F 值	29.44	15.42	63.92	46.01	172.03	46.55	77.00	42.04	33.79	6.02	127.55	117.80	12.50
P 值	0.00	0.00	0.00	0.00	0.00	0.00	0.00	0.00	0.00	0.00	0.00	0.00	0.00

注：F 检验表明美国 QE 政策对黄金与美元汇率相依关系有显著影响。

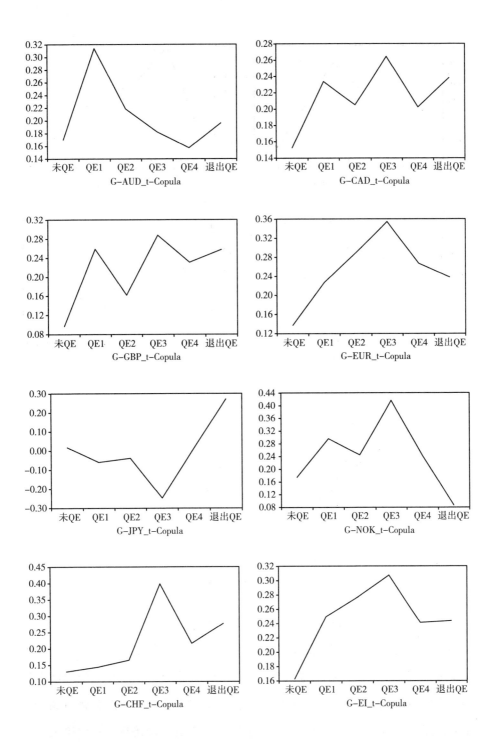

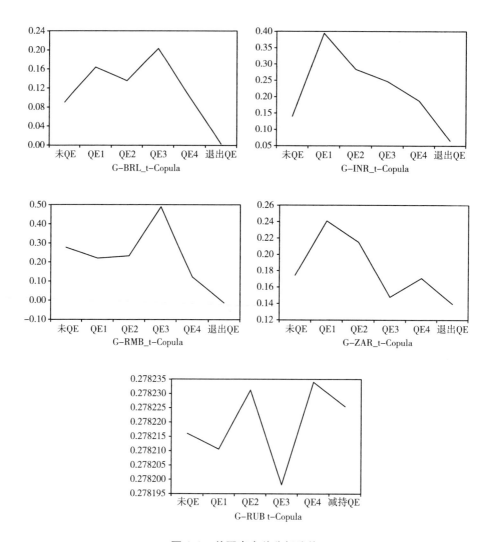

图 4.3　单因素方差分析均值

注：本图表明美国 QE 政策对黄金与美元汇率相依关系影响显著。

美国 QE 货币政策的实施导致美元兑日元汇率（USD/JPY）与黄金出现负相依程度增强。由于日本是最早实施 QE 货币政策的国家，而且 2008 年国际金融危机爆发之后，日本也再次实施了 QE 货币政策，这在一定程度上抵消了美国 QE 货币政策对日本的影响。从避险因素来看，欧洲金融市场动荡不安，新兴市场国家在高增长的同时通胀压力上升，经济运行风险增大。这导致避险资金持续流入日本金融市场，推高日元（JPY）。

此外，QE1 及 QE2 的实施导致黄金与美元兑人民币（USD/RMB）之间相依程度下降。这主要由于中国经济的持续高速增长和 2005 年汇率制度改革以后人民币（RMB）升值压力增大，因而危机之后大量资本流入国内。因此人民币在一定程度上也具有避险职能，因而黄金对人民币（RMB）的对冲效应下降。

金融危机期间美国实施的 QE 货币政策通过黄金的货币属性和避险属性影响黄金与美元汇率之间的关系。黄金的货币属性表明，黄金和美元之间存在着货币竞争关系，因而黄金和美元汇率之间为负相关关系。美国大量发行美元，导致美元贬值风险增加，因而此时黄金避险属性增强，大量资本流入黄金市场，加剧了美元汇率和黄金负相关程度。

4.4 本章小结

本章主要研究了黄金与美元汇率在美国 QE 政策期间及其不同阶段的对冲关系情况，主要结论如下：

第一，从联合分布函数的一般相关关系和尾部相关关系提出实证模型的理论假设。在此基础上依据数据分布的特点分别拟合偏态 t 分布下的不同 Copula 函数对黄金与美元汇率的相依性进行测度，得出 DCC-t-Copula 函数为最优拟合函数。说明黄金在一般市场条件下和极端市场条件下都可以对冲美元汇率风险，而且其对冲能力是时变的。

第二，研究了美国 QE 货币政策对黄金与美元汇率 DCC-t-Copula 相依系数的影响，结果表明除了美元兑日元汇率外（USD/JPY），美国 QE 货币政策的实施不同程度地导致黄金与美元汇率正相依程度增加，即黄金对冲美元汇率风险能力增强。这为研究黄金对冲与美元组合对冲美国 QE 货币政策提供了理论与实证基础。

第 5 章

美国 QE 政策视角下黄金对冲
美元汇率风险的效果测度

黄金对冲美元汇率效果的测度可以从两个角度进行检验：第一，不考虑特定条件下的风险波动情况，将美国 QE 政策期间作为整体考察给定黄金与美元资产配置比例下的对冲效果；第二，考虑美国 QE 政策信息给定条件下黄金对冲美元汇率的效果。风险对冲效果很大程度上取决于不同资产间的配置比例，而基于不同的最优目标函数计算得出的最优对冲比例也存在差异。本书研究重点为采用黄金资产对冲美元汇率风险，因此本书首先采用具有代表性的风险度量指标，计算得出黄金与美元汇率风险最小化最优对冲权重。其次，分别采用 σ 风险构成分析法和 t – Copula 尾部风险分析法，检验美国 QE 期间最小风险权重下黄金对冲美元汇率风险的效果。最后，采用 GARCH – X 模型检验给定美国 QE 政策信息条件下，基于最小风险权重的黄金对冲美元汇率风险效果。

5.1 黄金与美元汇率最优对冲权重测算

本书研究的是规避美元汇率风险问题，因此只讨论风险最小化问题。首先，本节计算黄金与美元汇率的投资组合前沿对黄金与美元汇率投资组合的风险与收益之间的关系进行直观刻画分析。其次，依据第 2 章投资组合风险度量方法计算得出最小风险的投资组合权重。本节所用数据和预处理方式与第 3 章数据相同，即选取 2005 年 8 月 1 日至 2015 年 11 月 30 日的黄金与美元兑不同国家汇率的日度数据，并求对数收益率。

5.1.1　不同权重下收益与风险度量

通过计算黄金与美元汇率的最优投资组合前沿，可以直观地反映出不同权重情况下黄金与美元汇率投资组合的风险与收益的变动情况。根据投资组合有效边界的理论分析，本书以黄金价格与美元汇率序列均值作为平均收益，以序列标准差作为衡量风险的指标，分别计算黄金与不同美元汇率投资组合的有效前沿（见图 5.1）。

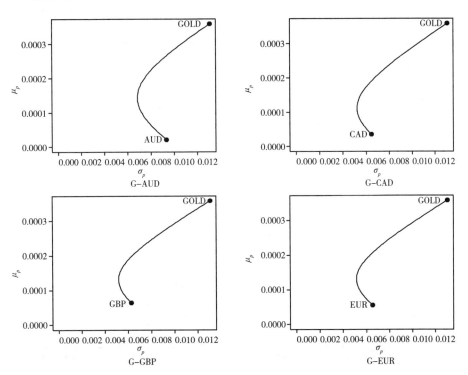

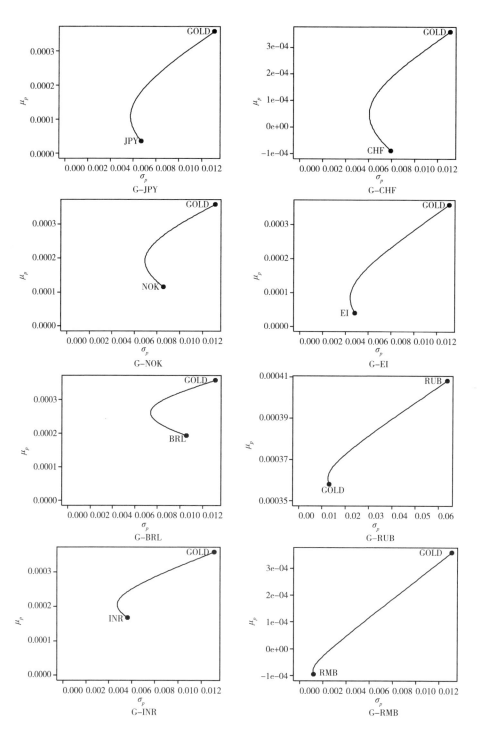

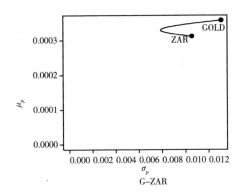

图 5.1　黄金与美元汇率有效投资组合前沿

除俄罗斯的风险及收益大于黄金之外，美元兑其他国家的汇率风险及收益均小于黄金。瑞士法郎和人民币在整个考查期内的平均收益小于 0，而人民币的风险最小，其标准差接近 0.1%。南非兰特的风险和收益水平与黄金最为接近。同时，还可以发现黄金与美元的投资组合在一定投资比例的情况下，其风险小于美元或黄金单个资产的风险。这使得通过黄金与美元的投资组合对冲美元汇率风险成为可能。该比例的大致情况为在黄金与俄（G－RUB）投资组合中，应该更多投资黄金，少量持有俄罗斯卢布[①]。其他情况下则应更多持有美元少量持有黄金，黄金与人民币（G－RMB）投资组合中，人民币占绝大部分权重，黄金占极小部分。

5.1.2　最小风险对冲权重测算

第 2 章风险度量指标中，具有代表性的有方差（σ^2）、VaR、CVaR 和期望损失法（TCE）。本书分别采用上述四种指标作为投资组合优化理论模型的风险度量标准依据，计算最小风险投资组合最优权重，计算结果如表 5.1 所示。

---

① G－RUB 表示黄金与俄罗斯卢布的投资组合，依次类推 G－∗∗∗ 表示黄金与其他国家货币组成的投资组合。

表 5.1　　　　　　　　　　黄金与美元汇率投资组合最优权重

黄金与不同国家货币汇率组合		σ^2	VaR	CVaR	TCE	均值
AUD&GOLD	AUD	0.64	0.75	0.68	0.68	0.69
	GOLD	0.36	0.25	0.32	0.32	0.31
CAD&GOLD	CAD	0.76	0.77	0.77	0.77	0.77
	GOLD	0.24	0.23	0.23	0.23	0.23
GBP&GOLD	GBP	0.77	0.82	0.80	0.80	0.80
	GOLD	0.23	0.18	0.20	0.20	0.20
EUR&GOLD	EUR	0.75	0.76	0.77	0.77	0.76
	GOLD	0.25	0.24	0.23	0.23	0.24
JPY&GOLD	JPY	0.77	0.81	0.79	0.79	0.79
	GOLD	0.23	0.19	0.21	0.21	0.21
CHF&GOLD	CHF	0.69	0.89	0.73	0.73	0.76
	GOLD	0.31	0.11	0.27	0.27	0.24
NOK&GOLD	NOK	0.66	0.69	0.69	0.69	0.68
	GOLD	0.34	0.31	0.31	0.31	0.32
EI&GOLD	EI	0.82	0.82	0.82	0.82	0.82
	GOLD	0.18	0.18	0.18	0.18	0.18
BRL&GOLD	BRL	0.60	0.66	0.65	0.65	0.64
	GOLD	0.40	0.34	0.35	0.35	0.36
RUB&GOLD	RUB	0.05	0.11	0.48	0.48	0.28
	GOLD	0.95	0.89	0.52	0.52	0.72
INR&GOLD	INR	0.80	0.83	0.81	0.81	0.81
	GOLD	0.20	0.17	0.19	0.19	0.19
RMB&GOLD	RMB	0.98	0.98	0.97	0.97	0.98
	GOLD	0.02	0.02	0.03	0.03	0.02
ZAR&GOLD	ZAR	0.59	0.63	0.66	0.66	0.64
	GOLD	0.41	0.37	0.34	0.34	0.37

注：均值为 σ^2、VaR、CVaR 和 TCE 计算获得最优权重的算数平均数。

　　从前面的分析可知，由于各风险测度方法的侧重点不同，因而依照其计算出的最优权重有差异。作为中央银行或风险规避型投资者不仅关注某一方面的风险问题，而且要在不同风险之间进行平衡，进而得到相对最好的投资组合比重。算数平均数作为计算数据集中趋势最常用的指标，其全面反映了所有数据点的一般水平。在本书中，计算不同风险最优权重的算数平均数，即在一定程度上平衡了不同风险测度方法的缺陷。据此对依据不同风险标准计算的最优权重计算算数平均数，作为黄金与美元汇率的最优对冲比重。

5.2　美国 QE 政策期间黄金对冲美元汇率风险效果实证检验

本节主要研究上节计算得出的最小风险投资组合权重能否在美国 QE 期间有效对冲美元汇率风险问题。研究内容主要包括两个方面：第一，研究最小风险对冲比例的黄金对冲美元汇率双边风险和该投资组合内部风险构成问题，更深入反映该投资组合的风险来源以及边际风险贡献情况。第二，研究最小风险对冲比例的黄金对冲美元汇率尾部风险问题，即黄金是否能够有效对冲极端事件对美元汇率的影响。本节所用数据和预处理方式与第 3 章数据相同，即选取 2005 年 8 月 1 日至 2015 年 11 月 30 日的黄金与美元兑不同国家汇率的日度数据，并求对数收益率。

5.2.1　风险构成检验

5.2.1.1　σ 风险构成分析方法

σ 风险构成分析方法，是将一个投资组合看成包含 n 个风险资产的包。通过对投资组合计算 σ 值并进行分解，进而可以获得该投资组合的总体双边风险，以及不同资产对投资组合总体风险贡献大小。

在一个投资期间，假设 r_i 代表该时期资产 i 的投资回报率，其中，$i = 1$，2，$\cdots$，n。则该时期的投资组合回报率为：

$$\mu_p = \sum_{i=1}^{n} w_i r_i \tag{5.1}$$

其中，w_i 是投资组合在资产 i 的风险暴露，权重的大小反映了该资产的风险暴露程度。以标准差 σ 作为双边风险度量指标，则投资组合双边风险（波动性）的定义为：

$$\sigma = \sqrt{w^T \sum w} \tag{5.2}$$

其中，$w = (w_1, w_2, \cdots, w_n)$，并且 $\sum$ 为投资组合的方差—协方差矩阵。权重 w_i 是调整投资组合双边风险的关键。因而量化投资组合双边风险对权重 w 变化的敏感性非常重要。这可以通过求投资组合波动对权重 w 的微分得到，如式（5.3）所示。

$$\frac{\partial \sigma}{\partial w} = \frac{1}{\sigma} \sum w = \psi \tag{5.3}$$

其中，$\psi = (\psi_1, \psi_2, \cdots, \psi_n)$ 为总风险的边际贡献（MCTR），即当投资组合中的某项资产增加 1 美元敞口，所引起的投资组合 σ 的变化值。资产 i 的 MCTR 为：

$$\psi_i = \frac{1}{\sigma} \sum_{j=1}^{n} \sigma_{ij} w_j \tag{5.4}$$

CCTR（condditional contribution to total risk）为某项资产对投资组合波动的加总，即 $\xi_i = w_i \psi_i$ 为资产 i 的 CCTR。其含义为若该成分被剔除掉，投资组合 σ 值的近似变化量，所有 CCTR 的加总与组合 σ 值相等。

$$\sigma = \sum_{i=1}^{n} w_i \psi_i \tag{5.5}$$

因此由式（5.5）可知投资组合的波动性可以被看成加权平均的 MCTR。

5.2.1.2 投资组合风险构成测算

由表 5.2 表明黄金与美元兑不同货币汇率的投资组合标准差小于黄金

或美元汇率的标准差，即投资组合的双边风险更小[①]。因此证明黄金可以有效对冲美元汇率的双边波动性风险。除俄罗斯卢布（RUB）和人民币（RMB）之外，美元兑不同国家货币汇率与黄金投资组合的 MCTR 比较接近，表明当投资组合中无论黄金或美元增加 1 美元敞口，所引起的投资组合 σ 的变化基本相等，即所引起的边际风险差别不大。由 CCTR 可知除人民币（RMB）之外，投资组合的波动性 80% 左右来源于美元汇率的波动性，即组合风险更多来源于汇率的波动。尽管汇率在投资组合所占权重要更大一些，然而相对于其权重而言，其对组合的风险贡献更大。同时我们也注意到黄金的波动性要大于美元汇率的波动性，这从表明黄金也是一种风险较高的资产。

表 5.2　　　　　黄金与美元汇率投资组合风险构成分析

投资组合	资产	权重	MCTR	CCTR	CCTR（%）	波动性
AUD&GOLD	AUD	0.69	0.76	0.53	76.24	0.93
	GOLD	0.31	0.53	0.16	23.76	1.31
	G－AUD	1.00	—	0.69	100.00	0.69
CAD&GOLD	CAD	0.77	0.53	0.41	78.41	0.64
	GOLD	0.23	0.49	0.11	21.59	1.31
	G－CAD	1.00	—	0.52	100.00	0.52
GBP&GOLD	GBP	0.80	0.55	0.44	84.01	0.63
	GOLD	0.20	0.42	0.08	15.99	1.31
	G－GBP	1.00	—	0.52	100.00	0.52
EUR&GOLD	EUR	0.76	0.53	0.40	77.53	0.65
	GOLD	0.24	0.48	0.12	22.47	1.31
	G－EUR	1.00	—	0.52	100.00	0.52

---

① RMB 与 GOLD 组合的波动性为 0.16，大于 RMB 的波动性 0.16，但小于 GOLD 的波动性 1.31；RUB 与 GOLD 组合的波动性为 3.16，大于 GOLD 的波动性 1.46，但小于 RUB 的波动性 6.36。

续表

投资组合	资产	权重	MCTR	CCTR	CCTR（%）	波动性
JPY&GOLD	JPY	0.79	0.59	0.47	80.80	0.67
	GOLD	0.21	0.53	0.11	19.20	1.31
	G－JPY	1.00	—	0.58	100.00	0.58
CHF&GOLD	CHF	0.76	0.69	0.52	84.95	0.79
	GOLD	0.24	0.39	0.09	15.05	1.31
	G－CHF	1.00	—	0.62	100.00	0.62
NOK&GOLD	NOK	0.68	0.66	0.45	71.54	0.86
	GOLD	0.32	0.56	0.18	28.46	1.30
	G－NOK	1.00	—	0.63	100.00	0.63
BRL&GOLD	BRL	0.64	0.85	0.54	69.05	1.06
	GOLD	0.36	0.68	0.24	30.95	1.30
	G－BRL	1.00	—	0.79	100.00	0.79
RUB&GOLD	RUB	0.28	5.49	1.54	73.94	6.36
	GOLD	0.72	0.75	0.54	26.06	1.46
	G－RUB	1.00	—	2.08	100.00	2.08
INR&GOLD	INR	0.81	0.48	0.39	81.81	0.56
	GOLD	0.19	0.46	0.09	18.19	1.30
	G－INR	1.00	—	0.48	100.00	0.48
RMB&GOLD	RMB	0.98	0.12	0.11	95.86	0.12
	GOLD	0.02	0.20	0.00	4.14	1.31
	G－RMB	1.00	—	0.12	100.00	0.12
ZAR&GOLD	ZAR	0.63	0.82	0.52	69.16	1.05
	GOLD	0.37	0.64	0.23	30.84	1.30
	G－ZAR	1.00	—	0.75	100.00	0.75
EI&GOLD	EI	0.82	0.40	0.33	81.35	0.48
	GOLD	0.18	0.42	0.08	18.65	1.30
	G－EI	1.00	—	0.40	100.00	0.40

注：波动性表明黄金与美元汇率组合的双边风险小于美元汇率或黄金的单独风险。

5.2.2　VaR 尾部风险的静态与动态检验

5.2.2.1　VaR 计算方法

VaR 方法的突出优点为它可以在同一整体框架内，采用容易理解的概率分布数值对复杂金融资产组合的风险进行度量。作为度量资产极端下尾部风险的方法，VaR 已被监管当局和众多金融机构作为金融监管和风险管理的重要方法之一。

为了满足投资组合中变量的可加性，传统 VaR 计算时是基于正态假设条件下求出的。然而已有大量研究证明金融变量收益率的尖峰厚尾分布特征，这表明采用正态分布计算得到的风险损失小于金融变量的实际损失程度，因此依据正态分布假设计算的 VaR 与实际可能的损失水平有较大差距。此外，线性相关系数只有当变量满足椭圆分布时，才能准确刻画变量间的相关关系，而实际中椭圆分布条件难以满足，因而采用线性相关系数的传统 VaR 方法对风险的刻画不够精确。Copula 函数在测度变量相关结构以及描述数据的"尖峰厚尾"特征等方面具有良好的性质。基于此可以采用 Copula 函数刻画变量间相互关系及分布特征，并进一步应用于 VaR 计算，得到比传统的基于正态性假设更准确的结果。因此本书采用 Copula - VaR 作为测度投资组合尾部风险的标准。在实际应用当中，通常采用蒙特卡洛模拟法和参数法计算 Copula-VaR，其中运用最广泛的是蒙特卡洛模拟法。

1. 基于 VaR 解析式的参数法

假设包含两种资产 X 和资产 Y 的一个资产组合，用 x 和 y 代表其收益，w 和 $1-w$ 表示两种资产的权重，μ_p 表示资产组合的总收益。定义该资产组合的 Copula 函数为 $c(u, v)$；资产 x 和资产 y 的联合概率密度函数为 $f(x, y)$；用 $f_1(x)$、$f_2(y)$ 分别表示 x 和 y 的边际概率密度函数。

$$P(\mu_p \leqslant VaR) = P(wx + (1-w)y \leqslant VaR)$$

$$= P\left(x \leqslant \frac{1}{w}VaR - \frac{1-w}{w}y\right)$$

$$= \int_{-\infty}^{+\infty} \int_{-\infty}^{\frac{1}{w}VaR - \frac{1-w}{w}y} f(x,y)\,\mathrm{d}x\mathrm{d}y$$

$$= \int_{-\infty}^{+\infty} \left[\int_{-\infty}^{\frac{1}{w}VaR - \frac{1-w}{w}y} c(u,v)f_1(x)\,\mathrm{d}x \right] f_2(y)\,\mathrm{d}y \tag{5.6}$$

依据式（5.6），在边际概率密度函数已知时，只需 Copula 函数表达式确定，则可计算出给定置信水平下的 VaR 值。虽然解析式方法直观，易于理解，然而当资产较多或 Copula 函数比较复杂时难以计算，因而其应用性较差。

2. 基于秩相关系数的 Copula 函数参数法

资产组合 VaR 值的传统计算公式为：

$$VaR = E(r_p) - z_\alpha \sigma_p \tag{5.7}$$

式中，r_p 代表资产的相关系数；$E(r_p)$ 为相关系数的方差；z_α 代表在正态分布下 α 置信水平的分位数；σ_p 代表资产组合标准差。

为了满足可加性，一般假定资产服从正态分布。因而 $\sigma_p^2 = \sum \sigma_i^2 + 2\sum \rho_{ij}\sigma_i\sigma_j$，$\rho_{ij}$ 代表风险因素 i 和 j 的相关系数，σ_i 和 σ_j 代表风险因素 i 和 j 的标准差。

由于线性相关系数在测度资产间非线性关系存在缺陷，而 Kendall τ 秩相关系数则能较好地改进这一问题，因而可以用 Kendall τ 替代 ρ_{ij} 计算资产组合的标准差。一般情况下，采用 Kendall τ 系数计算资产组合 VaR 值更准确。

$$VaR = E(r_p) - z_\beta \sqrt{\sum_{i=1}^{n} \sigma_i^2 + 2\sum_{i<j}^{n} \tau_{ij}\sigma_i\sigma_j} \tag{5.8}$$

式中，τ_{ij} 表示风险因素 i 和 j 的 Kendall 秩相关系数。σ_i、σ_j 可以根据 GARCH 模型得到，也可以用历史数据计算获得。

3. 蒙特卡洛模拟法

第一步，生成两个独立随机数 u_1、v_1，其服从 $[0, 1]$ 区间的均匀分布。

第二步，令第一个随机数为 $x = F^{-1}(u_1)$，其中 $F(x)$ 和 $F(y)$ 分别代表 x、y 的边缘分布函数。

第三步，基于给定的 Copula 函数，求得另一个随机数 $u_2 = C_u^{-1}(v_1)$，其中 $C_u = \dfrac{\partial c(u, v)}{\partial u}$。

第四步，进一步计算求出第二个随机数为 $y = F^{-1}(v_2)$。

第五步，在给定权重下将模拟产生的随机数，获得投资组合收益率，重复上述步骤，即可得到 N 组联合收益率值。

第六步，根据已获得的 N 组联合收益率，进一步计算得出给定置信水平下 VaR 值。

5.2.2.2　VaR 尾部风险静态检验

由第 4 章的分析可知，t – Copula 可以准确描述黄金与美元汇率之间的相依结构。因此本书采用 t – Copula 蒙特卡洛模拟方法生成黄金与美元收益率序列，并计算投资组合 VaR 值。模型参数为第 4 章计算得出的 t – Copula 自由度，投资组合权重采用本章上一节的平均权重，模拟次数为 10000 次，进而提高模拟精度。本书同时计算了正态分布下投资组合的 Gaussian – VaR，提高对比的稳健性和可靠性。为了比较黄金与美元投资组合的效果，本书分别采用历史模拟法（VaR_ hist）、正态分布近似法（VaR_ gaus）、修正的 Cornish Fisher 法（VaR_ modi）计算单个美元汇率的 VaR 值（见表 5.3）。

表 5.3　　　　　　　　　黄金与美元汇率 VaR 分析

资产	VaR_ hist	VaR_ gaus	VaR_ modi	投资组合 Gaussian – VaR	投资组合 t – Copula – VaR
AUD	− 1.31	− 1.54	− 1.10	− 0.94	− 0.93

续表

资产	VaR_ hist	VaR_ gaus	VaR_ modi	投资组合 Gaussian – VaR	投资组合 t – Copula – VaR
CAD	− 0.95	− 1.06	− 1.00	− 0.78	− 0.77
GBP	− 0.95	− 1.03	− 0.89	− 0.78	− 0.78
EUR	− 1.03	− 1.07	− 1.06	− 0.77	− 0.80
JPY	− 1.04	− 1.1	− 1.09	− 0.86	− 0.89
CHF	− 1.15	− 1.32	− 0.23	− 0.87	− 0.88
NOK	− 1.32	− 1.4	− 1.33	− 0.93	− 0.95
BRL	− 1.45	− 1.72	− 1.50	− 1.11	− 1.09
RUB	− 1.26	− 10.41	− 1.63	− 1.62	− 1.59
INR	− 0.82	− 0.91	− 0.77	− 0.68	− 0.67
RMB	− 0.18	− 0.21	− 0.07	− 0.18	− 0.18
ZAR	− 1.50	− 1.70	− 1.55	− 1.05	− 1.08
EI	− 0.77	− 0.79	− 0.80	− 0.64	− 0.63

注：表中为 0.05 显著性水平下求得的 VaR 值。黄金与美元汇率投资组合 VaR 值小于美元汇率 VaR 值表明该资产配置方案可以有效对冲美元汇率尾部风险。

表 5.3 为在不同假设条件下分别计算得出的美元资产及其与黄金投资组合的 VaR 值，其中 VaR_ hist、VaR_ gaus、VaR_ modi 所在列为对单个美元汇率计算的 VaR 值，投资组合 Gaussian – VaR 和 t – Copula – VaR 分别为黄金与美元投资组合的 Gaussian – VaR 与 t – Copula – VaR 值。由表 5.3 中数据可知，除黄金与俄罗斯卢布（RUB）组合 VaR 值大于采用 VaR_ hist 计算的 VaR 值，以及黄金与人民币组合 VaR 值大于采用 VaR_ modi 计算的 VaR 值外，其他情况下黄金与美元汇率的投资组合 VaR 值均小于单独美元汇率的 VaR 值。这表明在最小风险对冲比例下黄金可以有效对冲美元汇率的尾部风险。

5.2.2.3　VaR 尾部风险动态检验

本书分别对美元汇率和黄金与美元汇率组合投资拟合不同的偏态 t 分布下的 GARCH 模型，采用 2005 年 8 月 1 日开始后的前 1000 个数据（约三年时间长度数据）进行拟合，并用 Kupiec 方法进行回测检验，进而得到最优的 GARCH 模型。在此基础上采用获得的最优 GARCH 模型对 1001 个数据到 2015 年 11 月 30 日数据进行滤波，并依据拟合模型的偏度、峰度等参数计算出各期 VaR 值。

Kupiec 回测检验方法是被广泛认可的用于检验某一模型刻画时间序列分布精度的能力。Kupiec 检验的思想为，如果序列 x_t 在时刻 t 的实际值超出 VaR 理论值，则记 x_t 值为 1，否则取值为 0。那么在显著水平为 P 的情况下，如果计算 VaR 的模型正确，则 x_t 服从概率值为 P 的伯努利分布。据此可以构造服从 χ^2 分布的检验统计量 LR，如果计算 VaR 的模型正确，则 LR 应小于给定显著水平下的 χ^2 临界值值，反之则应大于 χ^2 临界值值。

由于存在杠杆效应，而 GJRGARCH 和 EGARCH 均可以对时间序列的杠杆效应进行精确刻画。本书分别采用上述模型对美元汇率、黄金与美元汇率组合进行拟合并采用 Kupiec 检验，从而选择最优模型对黄金与美元汇率动态尾部风险进行分析检验。依据表 5.4 和表 5.5 的 Kupiec 检验可知，GJR-GARCH 模型和 EGARCH 模型计算的期望值大于实际值，即均存在不同程度的高估风险。GJRGARCH 模型 LR 检验的 P 值基本都大于 0.05，表明相对于 EGARCH 模型，GJRGARCH 模型对本书数据的尾部风险刻画更准确。因此本书选取 GJRGARCH 模型作为计算动态 VaR 的理论模型，计算结果如图 5.2 所示。

表 5.4 美元汇率模型 VaR 的 Kupiec 检验

统计量	GJRGARCH 模型				EGARCH 模型			
	期望值	实际值	LR 值	P 值	期望值	实际值	LR 值	P 值
AUD/USD	76	79	0.10	0.76	76	72	0.27	0.61
CAD/USD	76	68	2.31	0.09	76	50	10.85	0.00
GBP/USD	76	67	1.64	0.12	76	55	6.93	0.01
EUR/USD	76	73	0.98	0.23	76	51	9.98	0.00

续表

统计量	GJRGARCH 模型				EGARCH 模型			
	期望值	实际值	LR 值	P 值	期望值	实际值	LR 值	P 值
JPY/USD	76	69	0.77	0.38	76	50	10.85	0.00
CHF/USD	76	71	0.49	0.33	76	60	3.97	0.05
NOK/USD	77	51	10.44	0.00	77	49	12.24	0.00
BRL/USD	77	54	8.04	0.00	77	49	12.24	0.00
RUB/USD	51	44	1.21	0.27	51	44	1.21	0.27
INR/USD	76	74	0.12	0.73	76	66	1.72	0.19
RMB/USD	76	106	10.83	0.00	76	80	0.18	0.67
ZAR/USD	77	48	2.45	0.16	77	45	16.35	0.00
EI	77	63	2.04	0.08	77	50	11.32	0.00

注：显著性水平为 0.05，LR 检验表明 GJRGARCH 模型对尾部风险拟合精度更高。

表 5.5　　　　黄金与美元汇率组合模型 VaR 的 Kupiec 检验

统计量	GJRGARCH 模型				EGARCH 模型			
	期望值	实际值	LR 值	P 值	期望值	实际值	LR 值	P 值
G – AUD	76	77	0.01	0.94	76	78	0.04	0.85
G – CAD	76	61	3.48	0.06	76	58	5.04	0.02
G – GBP	76	67	1.25	0.26	76	68	1.00	0.32
G – EUR	76	60	3.97	0.05	76	59	4.49	0.03
G – JPY	76	65	3.93	0.07	76	55	6.93	0.01
G – CHF	76	61	3.48	0.06	76	60	3.97	0.05
G – NOK	77	67	1.43	0.23	77	63	2.85	0.09
G – BRL	77	74	3.26	0.33	77	61	3.76	0.05
G – RUB	51	54	0.13	0.72	51	63	2.53	0.11
G – INR	76	66	1.72	0.19	76	62	3.27	0.07
G – RMB	76	101	7.61	0.01	76	79	0.09	0.76
G – ZAR	77	71	0.50	0.48	77	71	0.50	0.48
G – EI	77	63	2.85	0.09	77	58	5.38	0.02

注：显著性水平为 0.05，LR 检验表明 GJRGARCH 模型对尾部风险拟合精度更高。

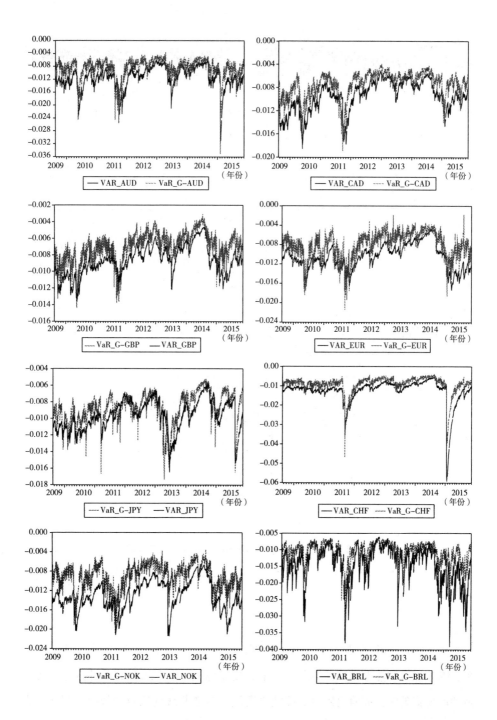

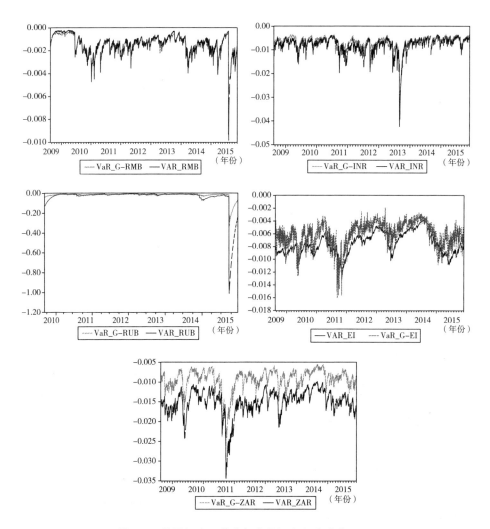

图 5.2　美元汇率、黄金与美元汇率组合动态 VaR

注：本图表明在各个时点，黄金与美元汇率组合的动态尾部风险均小于美元汇率尾部
风险。

GARCH – VaR 模型为非线性的模型，考虑到了时间序列非线性波动间的关
系。因此该模型能够精确预测美元汇率、黄金与美元汇率组合的条件方差效应和
波动性聚集效应，同时可以有效反映投资组合时变非线性的对冲效果。图 5.2 为

在 0.05 显著性水平下计算获得的美元汇率、黄金与美元汇率组合动态 VaR 值，其中虚线表示黄金与美元汇率组合的 VaR 值，实线表示美元汇率 VaR 值。由图 5.2 可知在动态条件下，黄金与美元汇率组合的 VaR 值均小于美元汇率的 VaR 值，表明该投资组合在不同时期同样可以有效对冲美元汇率尾部风险。

5.3　美国 QE 政策不同阶段黄金对冲美元汇率风险效果实证检验

在金融危机期间国际金融市场急剧变化，重大金融事件不断出现。美联储依据不断变化的金融市场状况连续实施了 QE 货币政策，因而 QE 政策不同阶段的金融市场状况存在一定的差异。GARCH 模型在测度给定信息条件下的金融风险问题有着出色的性质，被广泛应用于金融风险的度量。据此本节采用 GARCH 模型研究美国 QE 政策不同阶段下最小风险投资组合权重对冲美元汇率风险的效果。

5.3.1　GARCH 模型设定

因为金融时间序列存在杠杆效应，同时由前文分析已知黄金与美元汇率波动均受到美国联邦基金利率 r 和 VIX 指数外部因素影响。因此本书采用带外生变量的 EGARCH – X 模型进行分析，将 VIX 和利率 r 作为影响均值的外生变量，将美国 QE 货币政策作为影响条件方差的虚拟变量，具体如模型 (5.9) 所示。

$$
\begin{cases}
y_t = \mu + \theta vix_t + \lambda r_t + \epsilon_t \\[2mm]
\epsilon_t \mid I_{t-1} \sim t(n) \\[2mm]
\log(h_t^2) = w + \alpha\left(\left|\dfrac{\epsilon_{t-1}}{h_{t-1}}\right| - E\left|\dfrac{\epsilon_{t-1}}{h_{t-1}}\right| \right) + \\[4mm]
\qquad\qquad \beta\dfrac{\epsilon_{t-1}}{h_{t-1}} + \eta\log(h_{t-1}^2) + \sum_{i=1}^{5}\gamma_i QE_i
\end{cases}
\tag{5.9}
$$

模型中 u 代表均值模型的常数项；θ 和 λ 分别代表 VIX 和 r 对收益率水平 y_t 的影响；ϵ_t 为残差项，其在信息 I_{t-1} 已知的情况下服从自由度为 n 的 t 分布。ω 代表条件方差方程的常数项；α 代表未预期冲击对波双边风险（波动性）影响程度的大小；β 代表预期冲击对双边风险影响的方向（β 为正值时表明不存在杠杆效应，β 为负值时表明存在杠杆效应）；η 代表即期波动性与前一期波动性之间的联系，当 η 为正值且显著时，则表明当期波动是前期波动的函数。

依据模型（5.9）可以检验黄金能否有效对冲给定美国 QE 政策信息条件下的美元汇率风险。具体检验方法为分别拟合美元汇率、最小风险对冲比例的黄金与美元投资组合模型，进而检验系数 γ_i 是否显著异于零，基于此可以提出以下假设：

H_0：$\gamma_i = 0$，美国货币政策 QE_i 对条件异方差没有显著影响。

H_1：$\gamma_i \neq 0$，美国货币政策 QE_i 对条件异方差有显著影响。

由上述假设如果拟合美元汇率模型时拒绝原假设 H_0，即 γ_i 显著异于 0，则说明美国 QE_i 货币政策对美元汇率双边波动性风险有显著影响；如果拟合黄金与美元汇率的投资组合模型时不能拒绝原假设 H_0，即 γ_i 系数不显著异于 0，则说明黄金可以有效对冲美国 QE_i 货币政策对美元汇率波动风险的冲击。$\gamma_i > 0$ 代表美国货币政策 QE_i 对美元汇率影响是正向的，即增加了市场风险；而 $\gamma_i < 0$ 代表美国 QE_i 货币政策对美元汇率影响是负向的，减少了市场风险。

5.3.2 实证检验

本节分别对美元汇率、黄金与美元汇率依据本章第 5.1 节最优对冲比例计算的投资组合拟合模型，进而对比分析黄金能否有效对冲给定美国 QE 政策信息条件下的美元汇率风险。考虑到日数据的波动性较大，受到各种干扰信息的影响较多，因此本节采用 2005 年 8 月至 2015 年 11 月黄金和美元对不同国家汇率的周数据进行计算分析。

5.3.2.1 给定美国 QE 信息下美元汇率风险实证检验

根据模型（5.9）建立美元汇率波动分析模型，拟合结果如表 5.6 和表 5.7 所示。

表 5.6 美元汇率均值方程系数

系数	AUD/USD	CAD/USD	GBP/USD	EUR/USD	JPY/USD	CHF/USD	NOK/USD	BRL/USD	RUB/USD	INR/USD	RMB/USD	ZAR/USD	EI
μ	0.00	0.00	0.00	0.00	0.00	0.00	0.00	0.00	0.00	0.00	0.00	0.00	0.00
P 值	0.73	0.60	0.12	0.03	0.89	0.00	0.11	0.00	0.00	0.00	0.75	0.50	0.00
θ	−0.03	0.00	−0.01	0.00	−0.03	0.00	0.00	0.00	0.00	0.00	0.00	0.00	0.00
P 值	0.00	0.86	0.02	0.41	0.00	0.00	0.00	0.00	0.00	0.10	0.90	0.53	0.07
λ	0.00	0.00	0.00	0.00	0.00	0.00	0.00	0.00	0.00	0.00	0.00	0.00	0.00
P 值	0.77	0.88	0.70	0.20	0.97	0.00	0.00	0.00	0.00	0.00	0.23	0.20	0.00

注：系数 θ 显著，表明美元汇率受到资产组合平衡渠道作用明显。

表 5.7 美元汇率条件方差方程系数

汇率	ω	α	β	η	γ_1	γ_2	γ_3	γ_4	γ_5
AUD/USD	−0.67	0.16	−0.11	0.93	0.01	−0.03	−0.26	−0.05	−0.06
P 值	(0.00)	(0.01)	(0.00)	(0.00)	(0.78)	(0.28)	(0.03)	(0.25)	(0.04)
CAD/USD	−9.70	−0.70	0.05	0.09	0.13	−0.08	−1.35	−0.95	0.16
P 值	(0.00)	(0.00)	(0.33)	(0.25)	(0.22)	(0.47)	(0.00)	(0.00)	(0.15)
GBP/USD	−0.17	−0.04	−0.13	0.98	−0.01	−0.02	−0.07	0.00	−0.03
P 值	(0.00)	(0.12)	(0.00)	(0.00)	(0.05)	(0.00)	(0.10)	(0.86)	(0.00)
EUR/USD	−9.02	−1.40	0.23	0.17	0.29	−0.12	−0.57	−0.73	−0.29
P 值	(0.01)	(0.64)	(0.64)	(0.00)	(0.00)	(0.15)	(0.00)	(0.00)	(0.00)
JPY/USD	−1.01	0.20	0.00	0.91	0.02	−0.06	0.07	0.01	−0.06
P 值	(0.13)	(0.01)	(0.98)	(0.00)	(0.75)	(0.25)	(0.54)	(0.85)	(0.24)
CHF/USD	−8.82	−0.92	−0.07	0.14	−0.01	0.04	−1.05	−0.39	−0.10
P 值	(0.00)	(0.00)	(0.01)	(0.00)	(0.93)	(0.59)	(0.00)	(0.01)	(0.21)
NOK/USD	−6.58	−2.52	0.01	0.27	0.10	0.25	−0.66	0.01	0.55
P 值	(0.16)	(0.75)	(0.88)	(0.00)	(0.05)	(0.00)	(0.00)	(0.90)	(0.00)
BRL/USD	−7.75	−1.25	0.51	0.18	0.26	−0.33	−1.81	−0.14	−0.18
P 值	(0.00)	(0.00)	(0.00)	(0.00)	(0.00)	(0.00)	(0.00)	(0.14)	(0.00)
RUB/USD	−6.58	−0.49	−0.04	0.39	0.72	0.41	−0.36	−0.06	1.22
P 值	(0.00)	(0.16)	(0.43)	(0.00)	(0.00)	(0.00)	(0.10)	(0.61)	(0.00)

续表

汇率	ω	α	β	η	γ_1	γ_2	γ_3	γ_4	γ_5
INR/USD	−9.16	−2.06	0.24	0.12	−0.04	0.26	0.28	0.13	−0.77
P 值	(0.00)	(0.00)	(0.00)	(0.00)	(0.59)	(0.00)	(0.07)	(0.09)	(0.00)
RMB/USD	−10.56	−0.80	0.22	0.20	−0.49	−0.15	0.18	−0.68	−0.23
P 值	(0.00)	(0.00)	(0.00)	(0.00)	(0.00)	(0.05)	(0.27)	(0.00)	(0.00)
ZAR/USD	−8.01	−1.27	0.14	0.07	−0.10	−0.13	−0.16	−0.33	−0.56
P 值	(0.76)	(0.94)	(0.94)	(0.22)	(0.46)	(0.36)	(0.61)	(0.07)	(0.00)
EI	−9.86	−0.94	0.13	0.17	0.18	−0.14	−1.00	−0.36	−0.06
P 值	(0.00)	(0.00)	(0.00)	(0.00)	(0.00)	(0.13)	(0.00)	(0.00)	(0.49)

注：条件异方差影响系数 γ_i 显著异于 0，表明美国 QE 货币政策对美元汇率波动有显著影响。

表 5.6 中澳元兑美元汇率（AUD/USD）、英镑兑美元汇率（GBP/USD）、日元兑美元汇率（JPY/USD）、瑞士法郎兑美元汇率（CHF/USD）、挪威克朗兑美元汇率（NOK/USD）、巴西雷亚尔兑美元汇率（BRL/USD）、俄罗斯卢布兑美元汇率（RUB/USD）的 θ 系数显著，说明美元汇率受到资产组合平衡渠道作用影响。而 λ 系数基本除瑞士法郎兑美元汇率（CHF/USD）、挪威克朗兑美元汇率（NOK/USD）、巴西雷亚尔兑美元汇率（BRL/USD）、印度卢比兑美元汇率（INR/USD）之外基本都不显著，表明美国联邦基金利率的影响较小。这与第 3 章的分析结论基本一致。

由表 5.7 可知条件方差模型中，系数 α、β、η 影响系数基本显著，表明 EGARCH 模型能够有效反映美元汇率波动情况。α 系数显著为负值，说明未预期冲击对汇率波动是负向影响。发达国家汇率的 β 值显著为负值，说明存在杠杆效应，而金砖国家的 β 值则显著为正值，不存在杠杆效应。同时 η 值显著为正，显示本期波动受上期波动的影响。

美国 QE 货币政策影响方面。除日元兑美元汇率（JPY/USD）之外，美国 QE 货币政策对美元兑不同国家汇率的条件异方差影响系数 γ_i 显著异于 0，表明美国 QE 货币政策对美元汇率波动有显著影响。具体分析可知，在 0.05 显著性水平下，除人民币兑美元（RMB/USD）之外 γ_1 的影响系数显著为正，即美国 QE1 的实施增加了市场波动性，给汇率市场带来了极大的不确定性风险。从影响系数看俄罗斯卢布兑美元汇率（RUB/USD）的系数最大达到了

0.72，其次分别为欧元兑美元汇率（EUR/USD）和巴西雷亚尔兑美元汇率（BRL/USD）。QE2 实施期间，美元汇率波动出现了明显的分化，主要表现为瑞士法郎兑美元汇率（CHF/USD）、挪威克朗兑美元汇率（NOK/USD）、俄罗斯卢布兑美元汇率（RUB/USD）、印度卢比兑美元汇率（INR/USD）的 γ_2 系数显著为正，其他国家汇率显著为负，本书认为这与各国的汇率制度和相应的货币政策有关。

随着美国 QE 政策的不断实施，美联储加强了货币政策信息的沟通，各国及投资者对 QE 政策的运行机制及机理逐渐有了清楚的认识。因此 γ_3、γ_4 的影响显著为负，并且系数显著的数量也由 QE3 的 7 个下降为 QE4 的 4 个。美国退出 QE 货币政策的实施则使得市场又一次出现分化，具体表现为挪威克朗兑美元汇率（NOK/USD）、俄罗斯卢布兑美元汇率（RVB/USD）的 γ_5 系数显著为正，而美元兑其他国家货币汇率显著为负。

从影响系数的大小及显著性水平看，美国 QE 货币政策对日元兑美元汇率（JPY/USD）的影响很小，而且都不显著。日本作为世界最发达的经济体之一，有着完善的金融体系及制度，同时又是世界上第一个实施 QE 货币政策的国家，并且在 2008 年金融危机之后又再次实施 QE 货币政策，有着成熟的经验及措施。同时我们也注意到英镑兑美元汇率（GBP/USD）的 γ 系数虽然显著，但数值非常小且数值为负。这在一定程度上归因于英国作为世界的金融中心有着非常完善的金融运行系统，同时英国与美国的经济及政治制度之间的紧密联系降低了美国 QE 货币政策对英镑的冲击。

美国 QE 影响最大的则为俄罗斯卢布兑美元汇率（RUB/USD），美国 QE1 及 QE2 的实施都引起俄罗斯卢布（RUB）的剧烈波动，而且退出 QE 政策的实施波动更为剧烈，γ_5 系数达到了 1.22。俄罗斯的经济体制较为单一，主要依赖石油出口，而汇率制度则相对宽松。国际原油价格则主要以美元计价，因而美国通过 QE 政策的实施大量发行美元，对俄罗斯卢布（RUB）的影响最为剧烈，给俄罗斯卢布带来了巨大的汇率风险。

5.3.2.2　给定美国 QE 政策信息下黄金对冲美元汇率风险实证检验

为了能够清楚反映给定美国 QE 政策信息下黄金对冲美元汇率风险的效果，本书将黄金与美元汇率序列按本章第 5.1 节计算的最优权重进行加权，得到新的投资组合收益率变量。在此基础上对投资组合收益率序列拟合模型（5.9），得到投资组合的均值方程系数表 5.8 和条件方差系数表 5.9。

表 5.8　　　　　　　　黄金与美元汇率投资组合均值方程系数

系数	G-AUD	G-CAD	G-GBP	G-EUR	G-JPY	G-CHF	G-NOK	G-BRL	G-RUB	G-INR	G-RMB	G-ZAR	G-EI
μ	0.00	0.00	0.00	0.00	0.00	0.00	0.00	0.00	0.00	0.00	0.00	0.00	0.00
P 值	0.01	0.01	0.01	0.01	0.00	0.01	0.01	0.01	0.01	0.00	0.00	0.01	0.00
θ	-0.01	-0.01	-0.01	-0.01	-0.01	-0.01	-0.01	-0.01	-0.01	0.00	0.00	0.01	0.00
P 值	0.26	0.26	0.26	0.26	0.02	0.26	0.26	0.26	0.27	0.52	0.39	0.11	0.71
λ	0.01	0.01	0.01	0.01	0.01	0.01	0.01	0.01	0.01	0.01	0.01	-0.01	0.01
P 值	0.12	0.12	0.12	0.12	0.07	0.12	0.12	0.11	0.12	0.09	0.08	0.28	0.03

注：系数 θ 及 λ 值不显著（JPY 除外），表明 VIX 及美国联邦基金利率对该投资组合影响不明显。

表 5.9　　　　　　　　黄金与美元汇率组合条件方差方程系数

组合	ω	α	β	η	γ_1	γ_2	γ_3	γ_4	γ_5
G-AUD	-0.62	0.14	0.06	0.93	-0.07	-0.05	-0.16	0.01	-0.05
P 值	(0.03)	(0.04)	(0.18)	(0.00)	(0.10)	(0.13)	(0.08)	(0.85)	(0.19)
G-CAD	-0.62	0.14	0.06	0.93	-0.07	-0.05	-0.15	0.01	-0.05
P 值	(0.03)	(0.04)	(0.17)	(0.00)	(0.10)	(0.13)	(0.08)	(0.84)	(0.19)
G-GBP	-0.62	0.14	0.06	0.93	-0.07	-0.05	-0.15	0.01	-0.05
P 值	(0.03)	(0.04)	(0.18)	(0.00)	(0.10)	(0.13)	(0.08)	(0.85)	(0.19)
G-EUR	-0.62	0.14	0.06	0.93	-0.07	-0.05	-0.15	0.01	-0.05
P 值	(0.03)	(0.04)	(0.18)	(0.00)	(0.10)	(0.13)	(0.08)	(0.85)	(0.19)
G-JPY	-0.71	0.16	0.05	0.93	-0.03	-0.01	-0.15	0.03	-0.04
P 值	(0.02)	(0.02)	(0.24)	(0.00)	(0.39)	(0.78)	(0.06)	(0.47)	(0.25)
G-CHF	-0.62	0.14	0.06	0.93	-0.07	-0.05	-0.15	0.01	-0.05
P 值	(0.03)	(0.04)	(0.18)	(0.00)	(0.10)	(0.13)	(0.08)	(0.85)	(0.19)
G-NOK	-0.62	0.14	0.06	0.93	-0.06	-0.05	-0.15	0.01	-0.05
P 值	(0.03)	(0.04)	(0.18)	(0.00)	(0.10)	(0.14)	(0.09)	(0.84)	(0.20)
G-BRL	-0.62	0.14	0.06	0.93	-0.07	-0.05	-0.15	0.01	-0.05
P 值	(0.03)	(0.04)	(0.17)	(0.00)	(0.10)	(0.13)	(0.08)	(0.84)	(0.19)
G-RUB	-0.62	0.14	0.06	0.93	-0.07	-0.05	-0.15	0.01	-0.05
P 值	(0.03)	(0.04)	(0.17)	(0.00)	(0.10)	(0.13)	(0.08)	(0.85)	(0.19)

续表

组合	ω	α	β	η	γ_1	γ_2	γ_3	γ_4	γ_5
G – INR	– 0.61	0.14	0.08	0.93	– 0.06	– 0.04	– 0.11	0.02	– 0.04
P 值	(0.03)	(0.03)	(0.07)	(0.00)	(0.12)	(0.23)	(0.17)	(0.59)	(0.27)
G – RMB	– 0.59	0.16	0.07	0.94	– 0.04	– 0.02	– 0.09	0.04	– 0.02
P 值	(0.02)	(0.02)	(0.10)	(0.00)	(0.20)	(0.51)	(0.22)	(0.35)	(0.49)
G – ZAR	– 0.62	0.14	0.06	0.93	– 0.06	– 0.05	– 0.15	0.01	– 0.05
P 值	(0.03)	(0.04)	(0.16)	(0.00)	(0.10)	(0.14)	(0.09)	(0.82)	(0.20)
G – EI	– 0.58	0.15	0.09	0.94	– 0.04	– 0.02	– 0.08	0.05	– 0.02
P 值	(0.02)	(0.02)	(0.04)	(0.00)	(0.19)	(0.57)	(0.26)	(0.25)	(0.46)

注：系数 γ_i 不显著，表明黄金与美元汇率组合可以有效对冲给定美国 QE 政策信息下的美元汇率风险。

根据黄金与不同国家货币投资组合拟合 EGARCH – X – t 的均值方程表 5.8 可知，除日元（JPY）外，θ 值与 λ 值在 0.05 置信水平下不显著。这表明 VIX 及美国联邦基金利率 r 对该投资组合对该投资组合收益率水平的影响变得不显著。

依据投资组合条件方差方程表 5.9 可知在 0.05 的置信水平下，α 系数显著为正值即未预期的波动影响为正，β 系数基本不显著即不在杠杆效应。在该投资配置下 γ_i 系数不显著，说明美国 QE 货币政策对该投资组合波动没有显著影响，即黄金可以有效抵御美国 QE 货币政策导致的美元汇率风险冲击。

2015 年 12 月美联储正式启动了加息进程。除美国外的主要发达国家及金砖国家不同程度地出现汇率贬值，尤其金砖国家汇率贬值幅度增大。随着美国经济的强劲复苏，其加息货币政策有可能进一步实施，美元汇率升值风险在今后一段时期将进一步增大。因此采取有效措施规避美元汇率风险则是未来时期内需要进一步深入研究的问题。

5.4　本章小结

本章分别从美国 QE 政策实施期间和不同阶段研究了黄金规避美元汇率风险效果。

第一，基于投资组合理论计算黄金与美元汇率的投资组合有效前沿，通过投资组合有效前沿图形可以直观看出黄金与美元汇率一定比例的组合配置风险小于各自单独风险。在此基础上进一步计算得出最小风险情况下黄金与美元汇率最优资产配置比例。

第二，美国 QE 政策实施期间采用 σ 风险构成分析得出最小风险投资组合双边风险明显小于美元汇率的双边风险，因此有效规避美元汇率双边风险；尾部风险方面，通过 t - Copular - VaR 尾部风险分析得出该配置方案同样可以有效规避美元汇率极端尾部风险。

第三，由于在美国 QE 政策实施不同阶段国际金融市场急剧变化，而 GARCH 模型测度给定条件下的金融风险问题有着出色的性质。因此建立 EGARCH - X - t 模型检验最小风险资产配置规避美国 QE 货币政策的效果，结果表明黄金能够有效抵御美国 QE 政策导致的美元汇率风险。

第6章
结论建议与研究展望

在系统分析美国 QE 货币政策的背景及其对黄金与美元汇率的传导渠道和政策影响基础上，本书检验了黄金作为美元的避险资产和对冲资产的理论假设，以及美国 QE 政策对黄金与美元汇率相依性的影响。在此基础上进一步深入研究了黄金与美元对冲效果，并达到预期研究目的。在总结分析研究期间遇到的问题及相应的思考基础上，提出了一些美国货币政策对黄金与美元汇率的影响，以及通过投资组合规避金融风险方面下一步的研究设想与展望。

6.1 结论建议

6.1.1 研究结论

2008 年金融危机的爆发，是 20 世纪 30 年代大萧条之后最为严重的金融危机。为了提振国内经济，美联储实施了以量化宽松为代表的 QE 货币政策。这些超常规的 QE 货币政策的实施或者退出，对金融市场产生了巨大影响，尤其是对以黄金和美元为代表的国际储备资产价格产生了深远的影响，而其在美国 QE 政策期间的截然相反的价格走势则成为我们研究关注的重点。

第一，美国 QE 货币政策从 2008 年 11 月开始实施，经历长达 5 年的大规模资产购买，通过短期与长期对黄金与美元汇率产生影响。本书通过梳理美国 QE 实施对黄金价格影响的渠道，包括信号渠道、资产组合平衡渠道和流动性渠道，从长期和短期两个方面研究 QE 货币政策对黄金价格和美元汇率的影响。

短期方面，QE 政策的宣告作为重要的货币政策事件对黄金及美元汇率市场有着剧烈的短期冲击效应。因此本书采用事件研究法，以美国 QE 货币政策的实施与退出为关键事件点来构建事件模型，全面分析了美国 QE 货币政策的实施与退出对黄金价格与美元汇率的影响。研究结果表明：美国 QE 货币政策的实施和退出对黄金价格和美元汇率有显著影响。其中，美国前三轮 QE 货币政策的实施使得黄金价格有显著的上涨，美元汇率有显著的下跌，尤其以 QE1 实施前后波动最为剧烈。QE 退出降低了市场的流动性和通货膨胀预期，投资者对美国经济转好的信心增强，美元升值压力增大，进而黄金价格显著下跌。

长期方面，本书采用滚动回归的方法分析了金融危机前后黄金价格与其影响变量之间的长期动态演变过程，结果表明美国 QE 货币政策的实施导致美国股票指数、美元汇率、VIX、美国联邦基金率对黄金价格的作用关系是时变的。道琼斯股价指数与黄金价格由 QE 政策实施之前的替代关系变成互补关系，美国 QE 货币政策退出之后又转变为替代关系。而汇率对黄金价格负向的影响在 QE 货币政策期间基本稳定，反映出美国 QE 货币政策的实施导致美元下跌进而使得黄金标价上升。采用协方差分析的方法研究了美国 QE 货币政策对美元汇率的长期影响，结果表明 QE 货币政策通过 CPI 和 VIX 资产组合平衡渠道影响显著。美国 QE 政策事件本身长期内对金砖国家的汇率影响显著，并且美元兑人民币汇率受到的影响最大。

第二，研究了黄金作为美元对冲资产的理论基础，以及对其进一步的实证检验。黄金具有商品属性、货币属性以及避险属性等，在不同历史时期，黄金的不同属性相互影响，相对地位不断变化，共同发挥作用。黄金作为一种贵金属和人类历史使用最悠久的货币，有着很高的内在价值和广泛的可接受性。而美元作为信用货币，缺乏内在价值且具有鲜明的国家属性，受到美国经济政策及经济状况以及美国信用风险的影响。黄金依然担负着避险资产和最后支付的职能，成为美元对冲资产的理论基础。

通过拟合不同的 Copula 对黄金与美元汇率的相依结构进行测度，本书研究发现：DCC－t－Copula 可以同时测度尾部相依性、一般相关关系和动态关系，进而能更好地反映黄金与美元之间的关系，从而验证了黄金可以对冲美元汇率一般风险也可以对冲美元汇率极端尾部风险，且其对冲关系在金融危机期间是时变的。

在此基础上，本书进一步测度了黄金与美元汇率的 DCC－t－Copula 动态的相依结构系数，并采用单因素方差分析研究了美国 QE 货币政策对其相依结构的影响。实证结果表明美国 QE 货币政策对相依结构影响显著。

第三，研究了黄金与美元汇率在最小风险下的最优对冲权重，以及在美国 QE 政策实施期间和不同阶段黄金对冲美元汇率风险的效果。本书采用不同风险度量标准，分别计算得出黄金与美元汇率投资组合比重，并采用平均值方法得到本书的黄金与美元资产配置方案。通过对投资组合的波动性分解和对比，发现在该资产配置方案下，黄金与美元汇率投资组合的波动性小于单独美元汇率或黄金的波动性，即黄金可以有效对冲美元汇率双边风险。通过对比美元汇率、黄金与美元汇率投资组合的 VaR 值发现，黄金与美元汇率的投资组合资产配置方案可以有效降低尾部风险，即黄金可以有效对冲美元汇率极端尾部风险。

本书采用附加外生变量的 EGARCH－X－t 模型分别研究了美国 QE 政策不同阶段黄金对冲美元汇率风险的效果。实证检验得出美国 QE 货币政策对美元汇率有显著影响，而对按上述资产配置方案得到的黄金与美元汇率投资组合影响不显著，从而证明黄金可以有效对冲给定美国 QE 政策信息下的美元汇率风险问题。

6.1.2 政策建议

尽管随着金融不断深化完善，金融衍生创新产品不断涌现，汇率风险可以通过衍生品进行规避，然而这些衍生品本身所隐藏的风险远未被人们所认识。在某一特殊时期，金融衍生品风险的集中爆发，可能导致更严重的风险问题。黄金则是可以脱离现有金融体系，具有实物价值的金融资产，其重要性更加凸显。

第一，进一步提高黄金储备，优化储备结构。黄金作为一种贵金属，不具有国家属性，但其作为实物货币，有着很高的内在价值。而美元作为信用货币，缺乏内在价值且具有鲜明的国家属性，受到美国经济政策及经济状况以及美国信用风险的影响。尽管信用制度下，黄金作为货币的功能部分地由信用货币所替代，但是美元存在难以调和国家属性与国家信用风险的问题。这些矛盾未能得到有效的解决，从而决定了国际金融危机不能避免，黄金依然担负着避险资产和最后支付的职能。在当前以主权信用货币作为主要国际储备货币的国际货币体系下，伴随全球范围内各国政治、经济和军事利益格局的不断调整，出于对主要国际储备货币币值稳定性的要求，黄金仍将具有金融货币职能。在可预见的将来，黄金依旧是国际货币体系中的重要组成部分，仍是各国中央银行、国际货币基金组织等重要的储备资产。因此充分认识到黄金在避险保值、分散风险等方面的重要性，将有助于有关部门未雨绸缪，做好防范和准备。

我国外汇储备从 2005 年初的 6236.46 亿美元，上升到 2014 年 6 月的 39932.13 亿美元，之后则迅速下跌，并于 2017 年稳定在 3 万亿美元左右；而同期黄金储备则从 2005 年初的 1929 万盎司，一直上升到 2017 年 6 月的 5924 万盎司，约占外汇与黄金储备总值的 2%，与本书测度的黄金最优比例接近。同期欧洲央行持有的黄金储备占外汇与黄金储备总值的 28.49%，而美国这一比例则高达 79.75%。因此相对于美国、欧盟等，作为世界第二大经济体的中国，其持有的黄金储备资产依然较低。随着我国汇率制度改革的不断深入，人民币波动幅度将进一步加大，黄金在避险保值、分散风险等方面特征更加凸显。我国央行需要综合分析判断黄金价格在今后一段时期的变动趋势，适时增持黄金，优化国际储备结构，提高我国国际储备安全性。

第二，完善国内黄金市场，提高个人和机构投资者参与度。作为个人和机构投资者，在寻求最优对冲效果的同时也应关注对冲资产自身的内在风险和投资组合中资产间的内在关系及其稳定性。依据本书的研究结论，投资者可以在持有美元的同时配置一定比例的黄金，从而达到降低风险的目的。然而国内黄金市场规模较小，仍存在较严格的制度约束，机构和个人的参与程度低。目前我国上海黄金交易所的会员多是黄金的生产和加工企业，而银行、证券等金融机构所占比例很低，因而国内黄金市场更强调黄金的商品属性，黄金的避险保值功能未能得到有效发挥。因此应进一步放宽黄金市场的制度约束，让更多金融机构参与黄金交易，发挥黄金市场在规避金融风险和保值增值的功能。

6.2　研究展望

美国 QE 政策实施前后，美元汇率风险问题被世界各国、金融机构以及企业和个人广泛关注。本书在系统研究了美国 QE 政策影响的基础上，对黄金与美元汇率的相依结构以及对冲效果进行了实证研究，并得到了有价值的结论。然而本书在对理论机理的提炼、研究内容的广度和深度方面仍有提升空间，主要为以下两方面：

第一，QE 政策理论机理方面。美国作为世界上最大的经济体，美元是重要的国际货币和储备资产，同时美元还是国际贸易和结算中最主要的计价单位。在可以预见的将来，很难出现有新的经济体超越美国、有新的货币代替美元的情况，因此美国的货币政策对世界经济有着巨大的冲击和影响。本书系统研究了美国 QE 政策对黄金及美元汇率的传导机理，对 QE 政策影响资产价格以及汇率更具一般性的理论机理有待进一步深入研究。因此在今后研究中将在本书的基础上继续深入挖掘 QE 政策的实施条件及其对资产价格和汇率影响的理论机制。

第二，对冲美元汇率风险方面。风险管理本质上是通过多种资产的组合实现最小风险或最大收益。风险问题涉及资产的配置问题，处理相依性问题一直是风险管理的中心任务，但资产之间存在相依关系，而且这种相依性受市场波动的影响。本书在测度黄金与美元汇率相依结构的基础上，构建了资产组合配置模型并实证检验该模型对冲美元汇率风险的效果。在相依结构测度以及对冲方案构建方面，本书主要采用的方法为单期模型，包括单期静态模型和单期动态模型。然而黄金与美元汇率之间可能存在跨期相依性，因此未来研究中将更侧重对跨期对冲模型的构建以及对冲效果测度的深入研究。

参考文献

[1] Acerbi, Tasche. On the coherence of expected shortfall [J]. Journal of Banking & Finance, 2002, 26 (7): 1487 – 1503.

[2] Ait – Sahalia, et al. Market response to policy initiatives during the global financial crisis [J]. Journal of International Economics, 2012, 87 (1): 162 – 177.

[3] Álvarez – Díez, Alfaro – Cid, Fernández – Blanco. Hedging foreign exchange rate risk: Multi – currency diversification [J]. European Journal of Management and Business Economics, 2016, 25 (1): 2 – 7.

[4] Ammann, Buesser. Variance risk premiums in foreign exchange markets [J]. Journal of Empirical Finance, 2013 (23): 16 – 32.

[5] Andrew. Modelling asymmetric exchange rate dependence [J]. International Economic Review, 2006, 47 (2): 527 – 556.

[6] Artigas. Linking global money supply to gold and to future inflation, 333 – 158105 [R]. World Gold Council, 2010.

[7] Artzner, et al. Coherent measures of risk [J]. Mathematical Finance, 1999, 9 (3): 203 – 228.

[8] Bauer, Neely. International channels of the Fed's unconventional monetary policy [J]. Journal of International Money and Finance, 2014, 44 (06): 24 – 46.

[9] Baur. Asymmetric volatility in the gold market [J]. The Journal of Alternative Investments, 2012 (4): 26 – 38.

［10］ Baur. The autumn effect of gold ［J］. Research in International Business and Finance, 2013, 27 (1): 1 –11.

［11］ Baur, McDermott. Is gold a safe haven? International evidence ［J］. Journal of Banking & Finance, 2010, 34 (8): 1886 –1898.

［12］ Baur, McDermott. Why is gold a safe haven? ［J］. Journal of Behavioral and Experimental Finance, 2016, 10 (3): 63 –71.

［13］ Bawa. Optimal rules for ordering uncertain prospects ［J］. Journal of Financial Economics, 1975, 2 (1): 95 –121.

［14］ Beckmann, Czudaj. Exchange rate expectations since the financial crisis: Performance evaluation and the role of monetary policy and safe haven ［J］. Journal of International Money and Finance, 2017.

［15］ Beckmann, Czudaj, Pilbeam. Causality and volatility patterns between gold prices and exchange rates ［J］. The North American Journal of Economics and Finance, 2015, 34 (11): 292 –300.

［16］ Belke, Orth, Setzer. Liquidity and the dynamic pattern of asset price adjustment: A global view ［J］. Journal of Banking & Finance, 2010, 34 (8): 1933 –1945.

［17］ Bernanke, Blinder. The federal funds rate and the channels of monetary transmission. ［J］. American Economic Review, 1992, 82 (4): 901 –921.

［18］ Bernanke, Reinhart, Sack. Monetary policy alternatives at the zero bound: An empirical assessment ［J］. Brookings Papers on Economic Activity, 2004, 93 (2): 1 –100.

［19］ Bernoth, Hagen. The euribor futures market: Efficiency and the impact of ECB policy announcements ［J］. International Finance, 2004, 7 (1): 1 –24.

［20］ Białkowski, et al. The gold price in times of crisis ［J］. International Review of Financial Analysis, 2015, 41 (10): 329 –339.

［21］ Booth, Ciner. The relationship between nominal interest rates and inflation: International Evidence [J]. Journal of Multinational Financial Management, 2001, 11 (3): 269 – 280.

[22] Brana, Djigbenou, Prat. Global excess liquidity and asset prices in emerging countries: A PVAR approach [J]. Emerging Markets Review, 2012, 13 (3): 256 – 267.

[23] Capie, Mills, Wood. Gold as a hedge against the dollar [J]. Journal of International Financial Markets, Institutions and Money, 2005, 15 (4): 343 – 352.

[24] Céspedes, Chang, Velasco. Financial intermediation, real exchange rates, and unconventional policies in an open economy [J]. Journal of International Economics, 2017.

[25] Chan, et al. Asset market linkages: Evidence from financial, commodity and real estate assets [J]. Journal of Banking & Finance, 2011, 35 (6): 1415 – 1426.

[26] Chen, Yao, Ou. Exchange rate dynamics in a Taylor rule framework [J]. Journal of International Financial Markets, Institutions and Money, 2017 (46): 158 – 173.

[27] Ciner, Gurdgiev, Lucey. Hedges and safe havens: An examination of stocks, bonds, gold, oil and exchange rates [J]. International Review of Financial Analysis, 2013, 29 (9): 202 – 211.

[28] Clouse, et al. Monetary policy when the nominal short – term interest rate is zero [J]. Finance and Economics Discussion Series, 2000 – 51, Board of Governors of the Federal Reserve System, 2000 (1).

[29] de Jesús, Ortiz, Cabello. Long run peso/dollar exchange rates and extreme value behavior: Value at risk modeling [J]. The North American Journal of Economics and Finance, 2013 (24): 139 – 152.

[30] de Truchis, Keddad. On the risk comovements between the crude oil market and U. S. dollar exchange rates [J]. Economic Modelling, 2016, 52, Part

A：206 – 215.

［31］ Della Corte, Ramadorai, Sarno. Volatility risk premia and exchange rate predictability ［J］. Journal of Financial Economics, 2016, 120（1）：21 – 40.

［32］ Demiralp, Jorda. The announcement effect：Evidence from open market desk data ［J］. Economic Policy Review – Federal Reserve Bank of New York, 2002, 8（1）：29 – 48.

［33］ Du, Hu. Exchange rate risk in the US stock market ［J］. Journal of International Financial Markets, Institutions and Money, 2012, 22（1）：137 – 150.

［34］ Eggertsson. Great expectations and the end of the depression ［J］. American Economic Review, 2008, 98（4）：1476 – 1516.

［35］ Ewing, Malik. Volatility transmission retween Gold and oil futures under structural breaks ［J］. International Review of Economics & Finance, 2013, 25（25）：113 – 121.

［36］ Feldstein, M. Mean – variance analysis in the theory of liquidity preference and portfolio selection. ［J］. Review of Economic Studies, 1969, 36（105）：5 – 12.

［37］ Friedman, Kuttner. Indicator properties of the paper – bill spread：lessons from recent experience ［J］. Review of Economics and Statistics, 1994, 80（1）：34 – 44.

［38］ Gagnon, et al. The financial market effects of the federal reserve's large – scale asset purchases ［J］. International Journal of Central Banking, 2010（1）：45 – 51.

［39］ Gali, Monacelli. Monetary policy and exchange rate volatility in a small open economy ［J］. The Review of Economic Studies, 2005, 72（3）：707 – 734.

［40］ Gertler, Karadi. A model of unconventional monetary policy ［J］. Journal of Monetary Economics, 2011, 58（1）：17 – 34.

［41］ Glick, Leduc. Central bank announcements of asset purchases and the impact on global financial and commodity markets [J]. Journal of International Money and Finance, 2012, 31 (8): 2078 – 2101.

[42] Glosten, Jagannathan, Runkle. On the relation between the expected value and the volatility of the nominal excess return on stocks [J]. Journal of Finance, 1993, 48 (5): 1779 – 1801.

[43] Guthrie, Wright. Open mouth operations [J]. Journal of Monetary Economics, 2000, 46 (2): 489 – 516.

[44] Harlow, Rao. Asset pricing in a generalized amean – lower partial moment framework: theory and evidence [J]. Journal of Financial & Quantitative Analysis, 1989, 24 (03): 285 – 311.

[45] Hartmann, de Vries. Asset market linkages in crisis periods [J]. Review of Economics and Statistics, 2004, 86 (1): 313 – 326.

[46] Hasman, Samartín. Information acquisition and financial contagion [J]. Journal of Banking & Finance, 2008, 32 (10): 2136 – 2147.

[47] Hayo, Kutan, Neuenkirch. Communication matters: US monetary policy and commodity price volatility [J]. Economics Letters, 2012, 117 (1): 247 – 249.

[48] He, et al. Value at risk estimation with entropy – based wavelet analysis in exchange markets [J]. Physica A: Statistical Mechanics and its Applications, 2014 (408): 62 – 71.

[49] Hillier, Draper, Faff. Do precious metals shine? An investment perspective [J]. Financial Analysis Journal, 2006, 62 (2): 98 – 106.

[50] Huang, Wu, Zhang. Exchange risk and asset returns: A theoretical and empirical study of an open economy asset pricing model [J]. Emerging Markets Review, 2014 (21): 96 – 116.

[51] Iqbal. Does gold hedge stock market, inflation and exchange rate risks? An econometric investigation [J]. International Review of Economics & Finance, 2017 (48): 1 – 17.

［52］ Janus. The transmission mechanism of unconventional monetary policy: Institute of economic research working papers ［Z］. 2015.

［53］ Jiang, Ma, An. International portfolio selection with exchange rate risk: A behavioural portfolio theory perspective ［J］. Journal of Banking & Finance, 2013, 37 （2）: 648 – 659.

［54］ Joy. Gold and the US dollar: Hedge or haven? ［J］. Finance Research Letters, 2011, 8 （3）: 120 – 131.

［55］ Karagiannidis, Vozlyublennaia. Limits to mutual funds' ability to rely on mean/variance optimization ［J］. Journal of Empirical Finance, 2016 （1）.

［56］ Kenourgios, Papadamou, Dimitriou. Intraday exchange rate volatility transmissions across QE announcements ［J］. Finance Research Letters, 2015 （14）: 128 – 134.

［57］ Kenourgios, Papadamou, Dimitriou. On quantitative easing and high frequency exchange rate dynamics ［J］. Research in International Business and Finance, 2015 （34）: 110 – 125.

［58］ Konno, Yamazaki. Mean – absolute deviation portfolio optimization model and its applications to Tokyo stock market ［J］. Management Science, 1991, 37 （5）: 519 – 531.

［59］ Lan, Chen, Chuang. Exchange rate risk management: What can we learn from financial crises? ［J］. Economic Modelling, 2015 （45）: 187 – 192.

［60］ Lin, Chen, Yang. Does the value of US dollar matter with the price of oil and gold? A dynamic analysis from time – frequency space ［J］. International Review of Economics & Finance, 2016, 43 （10）: 59 – 71.

［61］ Liu, Cao. Improvement of the VaR method for foreign exchange risk measurement based on macro information released ［J］. Systems Engineering Procedia, 2011 （1）: 440 – 449.

［62］ Lucey, Tully. International portfolio formation, skewness and the role of gold: IIIS discussion paper [Z]. 2004: 1 – 17.

[63] Markowitz. Portfolio selection [J]. Journal of Finance, 1952, 7 (1): 77 – 91.

[64] Markowitz. Portfolio selection: The efficient diversification of investments [J]. Journal of Finance, 1959.

[65] McQueen, Roley. Stock prices, news, and business conditions [J]. Review of Financial Studies, 1993, 6 (3): 683 – 707.

[66] Mensi, et al. Correlations and volatility spillovers across commodity and stock markets: Linking energies, food, and gold [J]. Economic Modelling, 2013, 32 (1): 15 – 22.

[67] Michis. Investing in gold: Individual asset risk in the long run [J]. Finance Research Letters, 2014, 11 (4): 369 – 374.

[68] Ogryczak, Ruszczyński. From stochastic dominance to mean – risk models: Semideviations as risk measures1 [J]. European Journal of Operational Research, 1999, 116 (1): 33 – 50.

[69] Pakko. On the information content of asymmetric FOMC plicy statements: Evidence from a taylor rule perspective [J]. Economic Inquiry, 2005, 43 (3): 558 – 569.

[70] Piplack, Straetmans. Comovements of different asset classes during market stress [J]. Pacific Economic Review, 2010, 15 (3): 385 – 400.

[71] Poole, Rasche. The impact of changes in FOMC disclosure practices on the transparency of monetary policy: are markets and the FOMC better 'synched'? [J]. Review. Federal Reserve Bank of St. Louis, 2003, 85 (1): 1 – 9.

[72] Reboredo, Rivera – Castro. Gold and exchange rates: Downside risk and hedging at different investment horizons [J]. International Review of Economics & Finance, 2014, 34 (11): 267 – 279.

[73] Reboredo, Rivera – Castro, Ugolini. Downside and upside risk spillo-

vers between exchange rates and stock prices [J]. Journal of Banking & Finance, 2016 (62): 76 - 96.

[74] Reifschneider, et al. Three lessons for monetary policy in a low - inflation era [J]. Journal of Money, Credit, and Banking, 2000, 32 (11): 936 - 978.

[75] Rockafellar, Uryasev. Optimization of conditional value - at - risk [J]. Journal of Risk, 2000, 29 (1): 1071 - 1074.

[76] Roley. The effect of federal debt management policy on corporate bond and equity yields [J]. Access & Download Statistics, 1983, 97 (4): 645 - 668.

[77] Sellon. Monetary policy transparency and private sector forecasts: Evidence from survey data [J]. Economic Review - Federal Reserve Bank of Kansas City, 2008, 93 (3): 2 - 3, 7 - 34.

[78] Selvanathan, Selvanathan. The effect of the price of gold on its production: A time - series analysis [J]. Resources Policy, 1999, 25 (4): 265 - 275.

[79] Sharpe. Mean - absolute - deviation characteristic lines for securities and portfolios [J]. Management Science, 1971, 18 (2): 1 - 13.

[80] Sjaastad. The price of gold and the exchange rates: Once again [J]. Resources Policy, 2008, 33 (2): 118 - 124.

[81] Speranza. Linear programming models for portfolio optimization [J]. 1993 (14): 107 - 123.

[82] Thornton. Monetary policy: Why money matters and interest rates don't [J]. Journal of Macroeconomics, 2014, 40 (6): 202 - 213.

[83] Tobin. An essay on principles of debt management [J]. Fiscal & Debt Management Policies Englewood Cliffs N J, 1963 (195): 143 - 218.

[84] Tobin. A general equilibrium approach to monetary theory [J]. Journal of Money Credit & Banking, 1969, 1 (1): 15 - 29.

[85] Tully, Lucey. A power GARCH examination of the gold market [J].

Research in International Business and Finance, 2007, 21 (2): 316 – 325.

[86] Wang, et al. Estimating risk of foreign exchange portfolio: Using VaR and CVaR based on GARCH – EVT – Copula model [J]. Physica A: Statistical Mechanics and its Applications, 2010, 389 (21): 4918 – 4928.

[87] Wang, Lee. Hedging exchange rate risk in the gold market: A panel data analysis [J]. Journal of Multinational Financial Management, 2016 (35): 1 – 23.

[88] Wang, Wu, Pan. Multifractal detrending moving average analysis on the US dollar exchange rates [J]. Physica A: Statistical Mechanics and its Applications, 2011, 390 (20): 3512 – 3523.

[89] Wang, Xie. Tail dependence structure of the foreign exchange market: A network view [J]. Expert Systems with Applications, 2016 (46): 164 – 179.

[90] Wen, Wei, Huang. Measuring contagion between energy market and stock market during financial crisis: A copula approach [J]. Energy Economics, 2012, 34 (5): 1435 – 1446.

[91] Yitzhaki. Stochastic dominance, mean variance, and Gini's mean difference [J]. The American Economic Review, 1982, 72 (1): 178 – 185.

[92] 安辉, 丁志龙, 谷宇. "金砖国家"流动性冲击风险的影响因素研究 [J]. 国际金融研究, 2016 (5): 27 – 37.

[93] 安辉, 谷宇, 钟红云. 我国外部流动性冲击风险预警体系研究 [J]. 国际金融研究, 2013 (12): 62 – 72.

[94] 安辉, 秦伟广, 谷宇. 美国量化宽松货币政策对黄金价格的影响研究——基于政策宣告时点和政策实施区间的经验分析 [J]. 国际金融研究, 2016 (11): 87 – 96.

[95] 白玥明. 人民币汇率变动与国际货币政策信号冲击——来自美、欧、日、英量化宽松政策的证据 [J]. 经济科学, 2015 (6): 51 – 64.

[96] 陈炳才. 黄金是否仍然具有储备、投资价值 [J]. 金融研究, 2003 (7): 50 – 58.

[97] 陈汉文，陈向民．证券价格的事件性反应——方法、背景和基于中国证券市场的应用 [J]．经济研究，2002（1）：40－47．

[98] 陈伟恕．黄金非货币化是历史的必然 [J]．经济研究，1982（7）：54－59．

[99] 崔百胜，陈浪南．基于极值理论和多元时变 copula 模型的我国外汇储备汇率风险度量 [J]．国际贸易问题，2011（12）：158－168．

[100] 丁震．汇率风险的防范和规避 [J]．中南民族大学学报（人文社会科学版），2003（S2）：98－99．

[101] 杜娟，倪得兵，唐小我．需求——汇率风险聚集下的汇率风险对冲与批发价激励 [J]．中国管理科学，2015（1）：1－9．

[102] 段军山，魏友兰．多边汇率波动与中国商业银行外汇风险暴露 [J]．金融论坛，2012（11）：38－46．

[103] 高洁，李静．非货币化后黄金储备变化的动因分析 [J]．国际金融研究，2007（4）：74－80．

[104] 高松，李琳，史道济．平稳序列的 POT 模型及其在汇率风险价值中的应用 [J]．系统工程，2004（6）：49－53．

[105] 郝玉柱，王秋影．美元指数与黄金价格非常态变动关系探析 [J]．价格理论与实践，2010（12）：56－57．

[106] 黄祖辉，陈立辉．中国农业企业汇率风险应对行为的实证研究——基于企业竞争力视角 [J]．金融研究，2011（6）：97－108．

[107] 姜昱，邢曙光．基于 DCC－GARCH－CVaR 的外汇储备汇率风险动态分析 [J]．财经理论与实践，2010（2）：16－20．

[108] 蒋铁柱，韩汉君．黄金的非货币化和再货币化——对黄金货币功能的再认识 [J]．上海经济研究，2001（3）：19－28．

[109] 金蕾，年四伍．国际黄金价格和美元汇率走势研究 [J]．国际金融研究，2011（5）：81－86．

[110] 李占风，陈妤．我国货币流动性与通货膨胀的定量研究——基于

时变参数模型的实证 [J]. 数量经济技术经济研究, 2010 (8): 129 – 138.

[111] 刘飞, 郑晓亚. 商业银行汇率风险量化研究——基于正态分布与非对称拉普拉斯分布的在险价值测度 [J]. 东北财经大学学报, 2015 (4): 83 – 89.

[112] 刘明, 李娜. 黄金价格与经济活动——兼论中央银行应增持黄金储备 [J]. 山西财经大学学报, 2009 (6): 93 – 99.

[113] 刘曙光, 胡再勇. 黄金价格的长期决定因素稳定性分析 [J]. 世界经济研究, 2008 (2): 35 – 41.

[114] 刘用明, 贺薇. 基于面板 GARCH 模型的汇率风险联动 VaR 测算 [J]. 经济经纬, 2011 (3): 137 – 141.

[115] 陆静, 杨斌. 商业银行汇率风险的 VaR – GARCH (1, 1) 模型计量 [J]. 重庆大学学报 (社会科学版), 2013 (5): 66 – 72.

[116] 路妍, 吴琼. 量化宽松货币政策调整对人民币汇率变动的影响分析 [J]. 宏观经济研究, 2016 (2): 137 – 149.

[117] 马文军. 产业最优需求测度与生产过剩预警调控 [M]. 经济科学出版社, 2014.

[118] 梅松, 李杰. 超额外汇储备的宏观风险对冲机制 [J]. 世界经济, 2008 (6): 27 – 38.

[119] 孟宪扬. 浅析美元汇率变动的原因——《浅析美元的对外汇率》之一 [J]. 南开经济研究, 1987 (1): 34 – 42.

[120] 潘志斌. 我国外汇储备汇率风险的内部构成、边际变化及其额外增量 [J]. 华东师范大学学报 (哲学社会科学版), 2010 (5): 113 – 116.

[121] 瞿明昱. 国际形势波谲云诡 黄金价格高歌猛进——黄金市场回顾与展望 [J]. 国际金融, 2010 (12): 48 – 49.

[122] 谭雅玲. 石油美元与黄金美元价格逆向的缘由 [J]. 上海金融, 2004 (7): 8 – 10.

[123] 谭雅玲. 从黄金价格波动看美国货币政策 [J]. 中国市场, 2013

（31）：34 – 38.

[124] 田涛，商文斌，陈鹏. 美国量化宽松货币政策对人民币汇率的影响——基于 ARIMAX 模型的实证分析 [J]. 贵州财经大学学报，2015（2）：1 – 11.

[125] 汪贵浦，王明涛. Harlow 下偏矩证券组合优化模型的求解方法研究 [J]. 系统工程理论与实践，2003（6）：42 – 47.

[126] 王琛. 浮动汇率制下企业规避外汇风险的选择 [J]. 上海金融，2006（6）：70 – 72.

[127] 王如丰，陈琦. 货币政策公告对人民币汇率的事件效应研究 [J]. 南方金融，2012（12）：10 – 16.

[128] 王永茂，刘惠好. 量化宽松货币政策对汇率的影响——基于 2001 – 2006 年日本实证分析 [J]. 财贸研究，2011（5）：109 – 116.

[129] 吴晓. 最优动态汇率风险套期保值模型研究 [J]. 财经理论与实践，2006（6）：24 – 27.

[130] 吴晓，李永华. 基于面板 GARCH 的汇率风险联动条件在险价值测算 [J]. 统计与决策，2013（20）：139 – 142.

[131] 吴振翔，叶五一，缪柏其. 基于 Copula 的外汇投资组合风险分析 [J]. 中国管理科学，2004（4）：2 – 6.

[132] 谢赤，等. 基于时变多元 Copula – VaR 的商业银行汇率风险度量 [J]. 湖南大学学报（自然科学版），2012（12）：94 – 99.

[133] 徐奇渊. 人民币汇率对 CPI 的传递效应分析 [J]. 管理世界，2012（1）：59 – 66.

[134] 闫海峰，王应贵. 货币供应量与美元汇率之间的关系 [J]. 经济学动态，2010（10）：132 – 136.

[135] 杨继生. 通胀预期、流动性过剩与中国通货膨胀的动态性质[J]. 经济研究，2009（1）：106 – 117.

[136] 杨楠，方茜. 黄金抗美元贬值避险能力的动态分析 [J]. 国际金

融研究, 2013 (3): 58-67.

[137] 杨楠, 何皆易. 黄金抗通胀功能的阶段性变化及影响因素分析 [J]. 上海财经大学学报, 2011 (6): 80-88.

[138] 杨楠, 邱丽颖. 我国国际储备资产的最优结构研究——基于时变 Copula 及 VaR 的投资组合模型分析 [J]. 财经研究, 2012 (5): 15-27.

[139] 杨远航. 美国量化宽松政策对人民币汇率及中国经济影响探讨 [J]. 商业经济研究, 2015 (8): 73-74.

[140] 易宪容. 美联储量化宽松货币政策退出的经济分析 [J]. 国际金融研究, 2014 (1): 12-24.

[141] 尹力博, 韩立岩. 国际投资汇率风险的综合套保策略研究 [J]. 中国管理科学, 2014 (2): 1-9.

[142] 尹莉, 杨盼盼. 增加黄金储备真的能优化储备资产结构吗?——基于中国数据的情景分析 [J]. 国际金融研究, 2012 (6): 67-74.

[143] 余湄, 谢海滨, 高茜. 国际投资中的汇率风险对冲问题研究 [J]. 系统工程理论与实践, 2014 (S1): 67-74.

[144] 余振, 张萍, 吴莹. 美国退出 QE 对中美两国金融市场的影响及中国的对策——基于 FAVAR 模型的分析 [J]. 世界经济研究, 2015 (4): 24-32.

[145] 张天顶, 李洁. 全球流动性扩张的通货膨胀效应研究 [J]. 国际金融研究, 2011 (3): 18-28.

[146] 张旭. 流动性与资产价格关系研究 [J]. 经济问题, 2011 (2): 22-26.

[147] 朱孟楠, 侯哲. 中国外汇储备汇率风险损失区间测度——基于重新定义下的研究 [J]. 财贸经济, 2013 (8): 58-66.

[148] 朱新玲, 黎鹏. 基于 GARCH-CVaR 与 GARCH-VaR 的人民币汇率风险测度及效果对比研究 [J]. 中南民族大学学报 (自然科学版), 2011 (2): 129-134.